迫害・受難のいばらを越えて

―初代真柱様・二代真柱様ご苦労の道―

飯田　照明

養徳社

はじめに

本書は、公表された文書を参考資料として記述した。従って、文字に表明されていない真実には触れることができなかった。本教の受難の時代では、いつ警察に踏み込まれて没収されるか分からないので、メモや記録類は残さないで処分されていたのであった。

また、本教の信仰者は苦労を苦労と思わず、あらゆる苦難も「節」として黙々とたんのうの道を歩むのが常である。従って、本教史中の苦難の大部分は文字にされないままになっている。

迫害、弾圧下の苦難の真相を知りたいと思うが、すでに戦後も七十余年が過ぎ、多くの人たちが沈黙したまま出直した今知る由もない。しかし、たとえ一端でも、表明文書の中から探り出し、私たちの今後の歩みの教訓としたいと考え、筆を執った。

現代を生きる人の中には軽々しく、天理教は戦争に加担したと言う人もいる。しかし、その人がもしその時代に生きていたらどうしたか。先人よりも優れた選択をなしえたと、果たしてどれだけの人が自信をもって言えるであろうか。

また、迫害、弾圧と一言で言っても、その中身はどれほど過酷なものであったか。政府、軍部、国会、マスコミ、右翼団体、宗教界、さらには一般市民からの迫害、統制、弾圧の実態を具体的に知ることが大事である。

その点も考えて、執筆した。

初代真柱様に関する記録は、残念ながら多くない。また、二代真柱様と共に苦労された先輩の先生方にお話を聞けば、もっと多くのことが分かったと思う。その点、心残りである。不十分な点、見落とした点、調査が足りない点、悟り違い、考え違いの点は遠慮なくご教示賜れば幸いである。

目次

迫害・受難のいばらを越えて
—初代真柱様・二代真柱様ご苦労の道—

表紙カバー・横田種生

序章

一、本教への迫害・弾圧の要因

本教は立教から百八十一年を迎えた。その間、教祖は立教から五十年間もご苦労くださされた。そして初代真柱様と二代真柱様は、昭和二十年以後の思想信条の自由の中に生きる今日の私達には想像を絶する迫害と弾圧の日々を送られた。その宗教統制は元東京大学教授・中村元博士が言うように「それはまさに世界に殆ど比類のない程度まで遂行された」のである。

本教がこうした比類のない迫害、弾圧を受けた理由の一つは、徳川時代の寺請制度のためである。

なぜ徳川幕府が檀家制度ですべての民をお寺の檀家とし、民衆を完全に統制したか。それには二つの要因がある。

時代は安土桃山（戦国）時代に遡るが、戦国大名は全国各地で発生した一向一揆に苦しめられた。天下統一を目前にした織田信長も石山本願寺（現在の大阪城にあった）に籠る門徒と戦ったが、十一年かかっても落とせなかった。「進めば極楽、退けば地獄」というむしろ旗をかかげて抵抗してくる門徒に散々苦しめられ、遂に天皇の仲介で顕如法主が退去したので戦いは終った。このように戦国大名は武装した僧兵の反乱に散々手をやく。

織田信長は仏教勢力に散々苦しめられたので、遠くヨーロッパから来たキリシタンに対しては好意的であった。

最初、宣教師は日本人に対し、自らが信仰している神を「大日」と呼んだ。それで人びとは、宣教師が教えに来た神をインドから来た仏教の一派と考えたので、ラテン語の神の名「デウス」と呼び変えた。長く続く戦乱に苦しんでいた当時の人びとは西欧の科学技術に感心し、医療サービスを受けたりしたため信者は急速に増えた。

私達も、遠くヨーロッパから苦難な旅をして、はるばる宣教に来たキリシタン・バテレンの信仰心の強さには感動させられる。いかなる迫害を受け拷問を受けても、信仰を捨てない生命をかけた信仰心に対しても頭が下がる思いがする。またヨーロッパから印刷機を運びこみ、教義書を日本語に翻訳するだけでなく、日本史や辞書まで、印刷出版する文書伝道のすごさには驚かされ、誰もが感銘を受けるであろう。

しかし、十六世紀に日本に来たキリシタンがしたことが戦国大名を怒らせ、悲劇が起きる。

豊臣秀吉も最初はキリシタンに好意的であった。ところが、難破したサン・フェリペ号の船員から驚くべきことを聞かされる。スペインは最初に宣教師を送り、後で兵士を送って植民地にすると。宣教師の中にはスペイン国王に対し、強い日本のサムライの信者を数万人送れば中国も手に入るという手紙を出す者もいた。イエズス会は長崎を軍事要塞化していた。

秀吉は次第にキリシタンを警戒するようになる。火薬や鉄砲や貿易の利益を得るため大名が次々とキリシタンに改宗していった。天下統一を目ざし、もう少しというところにいた秀吉にはキリシタン大名が、スペイン国王に忠誠を誓うことを恐れた。

秀吉をさらに怒らせたのは、宣教師はキリシタン大名に対し、神社仏閣は悪魔の巣だから潰すように命じたことである。それがもし全国的に拡大すれば、仏教と戦争が起こりかねない。秀吉をさらに怒らせたのは、ポルトガルやスペインの船が多くの若い日本人を奴隷として世界各地に売買したことである。天正遣欧使節としてローマへ行った四人の少年のうち、千々石ミゲルが帰国後棄教《ききょう》したのは、キリシタンの侵略性と、帰途立寄った港で奴隷として働かされている日本の子供、女性の悲惨な姿を見たからと言われている。秀吉は遂にキリシタン追放令を出す。ところがキリシタンはなかなか言うことを聞かず居座る。そこで二十六名を捕え処刑する。京都の加茂川でもどこでも処刑できたが、彼らは遠くエルサレムを望める長崎の岩壁で処刑してほしいと願った。イエスと同じく十字架で死ねば最後の審判で天国で祝福されると思ったからである。秀吉は快く彼らの願いを許し、わざわざ長崎で処刑した。

二、為政者の宗教対策

徳川の時代になり、相変わらずキリシタンへの迫害は続く。その最後の悲劇が有名な島原の乱である。原城を取り囲む十二万四千の幕府軍に対し、女子子供を含む天草のキリシタン三万七千人が城に立て籠り、幕府軍に大損害を与えて抵抗した。少年のリーダー天草四郎に率いられた彼らは、バテレン（神父）が彼らに教えたこの世の終りであるとの予言を信じた。その予言とは、やがて炎に包まれた彗星《すいせい》が現われ、世の終りが来て、地上のすべては滅亡するが、キリシタンだけは救われるという終末の予言であった。幕府が驚異を感じたのはキリシタンの狂信性であったと、キリシタンの研究家・松原久子博士は指摘している。

狂信者の反乱に手を焼いた徳川幕府は、宗教を完全に支配し統制するため、全国民を一人残らずお寺の檀家とした。お寺に、かくれキリシタンを見つけるための宗教警察の役割をさせ、国民の宗教活動を徹底して監視し統制した。それが寺請制度である。そして鎖国する。

徳川幕府が倒れ、新しく明治の世になった。

明治新政府も最初はキリシタンにきびしく対応していた。ところが西欧列強の強い要請に屈し、キリスト教の宣教を認めた。

それを一番恐れたのは、キリシタン・バテレンと激しく宗論を戦った仏教であった。とりわけ明治新政府と深い関係を持ち、新政府の準国教と自負していた本願寺派の学僧は、宣教に来るキリスト教との対峙《たいじ》に備え、上海に行って聖書を買ったり、龍谷大学に反キリスト教学を設けたりした。

ところが、日本に宣教に来たキリスト教は思ったより教勢が伸びなかった。

ふと気がつくと、恐れていたキリスト教の代りに本教が檀家を次々と改宗させていた。

しかも短い期間に何十万、何百万という単位で檀家が本教に改宗していった。その大きな理由は、檀家制度のため仏教は死者供養を中心とする葬式仏教となっていたこと、そして本教の教えはこの世に生きる人間を救い、未来に希望をもたせる教えであったからである。

檀家を取られたと怒り狂った仏教勢力は、日本全国に本教への罵詈雑言《ばりぞうごん》を撒き散らす。さらには撲滅運動が全国規模で行われ、明治二十九年に「内務省秘密訓令」が出た頃にはピークに達す。そのため本教の先人達は言葉に言い表せない苦難の道を歩むことになる。

大正に入ると、大正デモクラシーと言われる、思想信条がかなり自由な時代があった。ところが昭和十年頃から日本は大陸で紛争を引き起こし、次第に軍国主義化していく。中国との戦いが泥沼化し、中国を支持する国との関係が悪くなっていくにつれて、政府や軍部や右翼団体から本教への批判攻撃が激しくなっていく。

昭和十三年には政府は本教の教義や儀礼（おつとめ）の変更を迫る。いわゆる革新の大節である。そして遂に、一部の中立国を除き、全世界と戦うという異常な状況に落ちこむ。政府や軍は次々と国策への協力を強要してくる。そして無理難題なことに協力せよと命じる。もし協力しないと、ひとのみちや大本教を潰し、その次は天理教だと脅かす。

こうして本教は存亡の危機に直面することになる。その中で二代真柱様は身を削り、血の涙を流して、信仰の火を消すまいと死に物狂いの努力をしてくださった。そのお陰で奇蹟的に生きのびることができたのである。

初代真柱様も二代真柱様も、政府や軍や右翼団体の迫害、統制、脅迫の嵐の中を叩かれても叩かれても、耐え難きを耐えて、ただひたすら教祖ひながたの道を通ってくださった。

今ここで、初代真柱様や二代真柱様が歩まれたいばらぐろうの道を振り返ってみたい。

第一章　初代真柱様時代の節

司馬遼太郎氏は新聞の連載コラムの中で、「江戸時代はこの種の現象（教祖崇拝）を幕府、藩がきらい〝妖言〟をなすとして、小まめにつぶした。呪術的な新興宗教の出現は、むしろ明治後である」と言っている。（註1）

教祖が親神様の教えを説かれたのが、ちょうど〝小まめにつぶした〟というこの江戸の末期であった。

明治に入って、諸外国への配慮から信教の自由を認め、少しは宗教に対する統制と監視の手をゆるめたが、しかし、新しい宗教に対しては相変わらず〝淫祠邪教《いんしじゃきょう》〟と決めつけて統制し、また潰そうとした。

本教が潰されなかったのは不思議であった。奇跡ですらある。潰されないよう、初代真柱様も、二代真柱様もあらゆる手だてを用いて必死に努力された。

新しい信仰が生まれるとき、既存の宗教と衝突することは決して珍しいことではない。それはちょうど、土地に杭《くい》を打ち込んでいくようなものである。打ち込まれる方が悲鳴をあげて反発し、抵抗するのも止むを得ない。

序章でふれたように中村元・元東大教授は、近代日本の政府の宗教統制は、他に例を見ないきびしいものであった、と言う。

実に日本の宗教史においては、マックス・ウェーバーがいみじくも指摘したように、国家は仏教に対して保護者（Schutzpatronat）としてよりも、むしろ宗教警察（Religion spolizei）としてのぞんでいたのであった。そうしてこのような宗教統制の歴史的背景があったからこそ、明治維新以後に政府によって宗教統制は完全に実施せられた。それはまさに共産主義ないし全体主義諸国以外の近代国家においてはほとんど比類のない程度にまで遂行された。（註2）

そのきびしい宗教統制を明治、大正、昭和と長期にわたって受けてきたのが、本教であった。

明治二十年、教祖が現身《うつしみ》をかくされた後、教祖が教えてくださった今までにない全く新しい信仰が人びとの心をとらえ、最初の十年は百倍、次の十年は横ばいながら徐々に信者が増えていった。かつてのキリシタンの激増をはるかに超える急激な教勢の拡大であった。そのため、政府当局はもちろん、既存宗教、とりわけ仏教はその新来者の勢力の拡大に驚愕《きょうがく》し、それを抑え、潰そうと必死になったのである。

明治政府は千年以上つづいた神仏混淆から神・仏を分離し、仏教に代って神道を国家の宗教にしようとしていた矢先のことであった。いわゆる「廃仏毀釈《はいぶつきしゃく》」で、一時は力を失った仏教はやがて千数百年の間、日本の社会や人びとの心の奥深く根づいていた準国教としての勢力を回復した。

序章で述べたが、徳川時代に作られ、根づいていた檀家制度によって、全国民はどこかのお寺の檀家であり、お寺は死後、先祖の霊を守り慰めるところであった。仏教は、明治以後やってくるキリスト教から日本を護《まも》ろうとしてキリスト教批判を大々的に展開した。しかし、キリスト教はさほど拡がらないこと、それより自分らの土台をくつがえすのは天理教の拡大であるとして、攻撃のターゲットを天理教に向け変えて「撲滅運動」を展開するのである。明治二十年代から三十年代のことである。

実際、本教は目のさめるような新しい教えとして、人びとに希望と夢を与えたのであった。

この世よりあの世の極楽や浄土での救いを願い、地獄の恐ろしさに脅える人びとに、教祖は極楽や地獄などはあの世にない。この世に極楽を、すなわち陽気ぐらしをするように人間を創《つく》ったと教えられた。

病は亡霊や悪霊《あくりょう》の祟《たた》りだと恐れる人びとに、可愛い人間を苦しめる悪霊など存在しない。全ての幸せも不幸も心の遣い方にあり、一人一人の意志の自由がそれを決めるのだとし、悪霊の恐怖から人びとを解放してくださった。「病の元は心から」として病苦から解放し、「つとめ」と「おさづけの理」で病治しの道を教えてくださった。また人生五十年と言っていた時代に百十五歳を定命と定めるとされ、死は出直しであって人間は再びこの世に生まれ替わってきて、末代にわたり陽気ぐらしの実現に努力するよう生きつづけるのだと教えられた。

「女は三界に家なし」と言われた男尊女卑の時代に、女松男松《めまつおまつ》に隔《へだ》てはないとし、宗教の場や活動での男女の全き平等を教えられた。また、人間は一人残らず魂において平等であるとし、「一れつ兄弟姉妹《きょうだい》」の教えを説かれた。

こうして、一寸見ただけでも、教祖の御教えは今までの教えには全くない、明るい希望に満ちた教えであることが分かる。

先祖や死者供養を専ら仕事とする仏教は、現実の生活の中で病や飢えに苦しむ人びとの救いには何の役にも立たなかった。教祖は、病に苦しむ人には病を癒し、農作物の豊穣《ほうじょう》とか商売繁盛の道を教えられた。この世の幸せだけでなく、末代にわたる幸せへの道を指し示された。

人びとがなだれを打って入信したわけである。

しかし、既存宗教とそれと連なる政府は、この新しい宗教である本教の拡大をそう簡単に許そうとはしなかった。

明治以後の日本近代宗教史の中でも、特に注目すべき現象の一つは、本教に加えられた迫害と弾圧のきびしさである。しかもそれは、国家権力とか官憲からの迫害と弾圧に加えて、既存宗教、特に仏教勢力や医師やマスコミ、さらに一般民衆からの非難・中傷・攻撃という、まさに官民あげての迫害であった。

日本宗教史研究家は、どちらかというと天理教への迫害弾圧という歴史の事実を、全く無視しないまでもごく簡単に取り扱ってきた。

この問題を取り上げた教外者を二、三紹介しよう。

古くは、元東京大学教授の笠原一男氏が『転換期の宗教』(ＮＨＫブックス、日本放送出版協会、昭和四十一年五月)の中で二頁ほどを使って、マスコミ各紙がどのように天理教を誹謗《ひぼう》中傷しているかを紹介し、さらに『日本史における価値観の系譜』(笠原一男編纂、評論社、昭和四十七年）の中で、九頁にわたって天理教史と迫害を取り上げている。氏は、迫害を避ける努力の面を強調しているが、いくら政府に協力したとしても、絶えず撲滅とか、制圧とか、潰すと脅迫されつづけた苦難の歴史の現実についてはごく簡単にしか取り上げていない。

近年のものとしては、武田道生氏の「天皇制国家体制における新宗教弾圧―新宗教淫祠邪教観をてがかりとして―」（孝本貢編『論集日本仏教史第九巻―大正・昭和時代』雄山閣出版、昭和六十三年六月に所収）という論文がある。ここで筆者は、蓮門《れんもん》教と対比させつつ、迫害の実態を述べている。

李元範氏は「近代日本の天皇制国家と天理教団―その集団的自立性の形成過程をめぐって」（島薗進編著『何のための〈宗教〉か？―現代宗教の抑圧と自由』青弓社、一九九四年四月に所収）の中で、教団形成の過程での迫害についてふれている。

弓山達也氏は「『妖しい魅力』に対する憎悪」（『疑惑の宗教事件』新人物往来社、一九九四年七月）の中で、内務省秘密訓令事件を中心に迫害を取り上げ、当局の、本教の「妖しい魅力」に対する憎悪と、教勢の拡大に対する恐れが迫害の原因になった、と述べている。

一、初代真柱様のご苦労

人生には泣くに泣けない苦しみがある。泣いてその悲しさ辛さが消えるならどんなにたすかるだろう。自死してその苦しみ、辛さから逃れられるなら、どんなに楽であろう。初代真柱様のご生涯は、まさに、泣くに泣けない、死ぬに死ねない苦しい試練の日々であった。

その五十年の生涯は、まさに生きながらの殉教者の毎日であった。

〝笑われそしられても〟〝ハイハイとはい上る〟という本教の信仰者の生き方を教祖の御教え通り歩まれ、耐え難い苦難の日々をお通りくだされた。

「わしは千遍泣いたぞ。お前も百遍泣け」と言って、青年を励まされたと『稿本中山眞之亮伝』26頁（以後『眞之亮伝』と記載）にある。千遍というのは文字通り千回ということではない。数え切れないほど多くということである。

突然、今まで聞いたこともない教えが急激に増大し巨大化する。それに対して政府当局も仏教界を中心とする宗教界も、ショックを受け、一日も早く撲滅し、消滅させようとキバをむいて襲いかかる。その中で、教祖の尊い御教えを守り、信仰の燈を消さず、教信者の生活を守るため、耐えがたい辛い日々を、ただひたすら教祖を心の頼りにお通りくだされた。

本教の先人、先輩たちも、初代真柱様を芯として必死に迫害に耐え、明治以後の日本の最も有力な宗教団体に育て上げられたのである。

増野石次郎先生は、初代真柱様のお魂について次のように話されている。

> 初代管長公は、大戸邊命の御靈《おたましい》である。大戸邊命は引き出しの守護である。苗代である教祖の體内に、五十年間育くまれた本教を、産れ出し、引き出され、そして一派独立といふ押しも押されもせぬ宗教となる迄、本教として其の為さるべき仕事に一段落を告げる迄、成長さし引き延ばして下されたのは、実に初代管長公の靈の因縁と申さねばならん。引き出し、引き延ばし、成長させられた初代管長公は、靈の因縁として此の上もなく、辛抱強い方であった。此の辛抱、此の忍耐力によって幾多艱難辛苦、いばらぐらう崖路を乗り越して教祖の豫言通ほり、日本国中あら／＼の道がついたのである、本教は一人前に成長し得たのであった。（註3、句読点は筆者）

こうした、辛抱強い、忍耐強いお魂をお持ちの方であったればこそ、本教は潰されずにすんだのである。

宗教の歴史を見れば、巨大な勢力を誇った宗教が、あとかたもなく消え去り、遺跡だけが空しく残っているのが世界中に数え切れないほどある。明治二十九年に出た本教への攻撃文書の一つ月輪正尊著『天理教退治策』（興教書院）の中で、同じく非難、中傷を受けている蓮門教は完全にこの世から姿を消した。近代国家（共産主義国家を除く）で他に例を見ない苛酷な宗教迫害の中を、見事にそれを受けとめ、対応して日本有数の教団に育てあげられた初代真柱様は、やはり親神様・教祖が選ばれた魂をお持ちの方であられた。

初代真柱様は早くから中山家に入られ、教祖と一緒にご苦労くだされた。

『眞之亮伝』には、

「わしの若い時は、あんじよう寝なんだ。お爺《ぢ》い（飯降伊蔵のこと）に安楽椅子拵らえて貰うて、そこで寝て居た。いつ巡査が来るか分からんからや。門をドンドンとたゝいて来ると、参拝者の下駄を皆隠して、それから、『えらい寝入って、済みませなんだ。』と言うて、門を開けに行くと、ドヤ〱と入って来て、そこらを開けて調べた。」と、教祖御在世中の道すがらを偲んで、若い者達を仕込んだ。（26頁）

と、記される。

初代真柱様が教祖と共にご苦労くだされたことは、このお話の中に端的に語られている。

ご高齢の教祖の御身を案じ、迫害を何とか防ぎたくてもどうすることもできず、警官に連れて行かれる教祖を、徒らにただお見送りするしかなかった初代真柱様のお心はどんなに辛かったであろう。日一日ときびしくなる官憲の取り締まり、拘引、留置の中で、それこそ心身ともにすりへらされた初代真柱様であった。

しかし、こうした教祖ご在世中のことはここではふれない。教祖が現身をおかくしくだされてからの初代真柱様のご苦心のことを偲んでみたい。

1　教祖一年祭の節

教祖がお姿をおかくしになったその翌年、一年祭を執り行っていた最中、官憲の妨害にあった。

年祭もできないということは、初代真柱様はじめ教信者みんなにとって何とも言いようのない悲しいことであった。『眞之亮伝』に次のように述べられている。

一同の無念さ残念さは、譬えるに物もない。あれ程御苦労下された教祖に、昨年御身をおかくしの時にも、何一つ十分な事とては出来なかったから、せめて一年祭だけでも、心から晴れやかに勤めさせて頂いて、お喜び頂きたいと思ったのに、又々この

警察沙汰とは、一体何たる事ぞと骨の鳴る思いであった。（60頁）

そこで、せめて教祖の年祭だけでも迫害干渉なしに執り行えるようにしたいとの思いから、国やその機関の正式許可を得ようと努力された。

しかし、奈良県庁にそれを申請しても、地元の官憲や古い宗教勢力からの反対で、とうてい認可にならないことは、ご在世中の教祖への度重なる拘引・留置でわかりきっていた。山中彦七先生も「県庁の方では天理教を潰して了ほふと云ふ方針でありましたから、出願した処が容易に許可せられるようなものではありません」（註４）と述べている。

そこで、おぢばから遠くはなれている上、西欧キリスト教諸国の反応、すなわち信教の自由を保証しないとどういう批判を受けるかもしれないと気を遣っている首都東京府に、教会設置を申請された。

この時、初代真柱様は自ら上京し、運動資金不足のため、衣類を売ったり、道具を質に入れたり、食事も節約され、認可を受けるため奔走された。その結果、明治二十一年四月十日、教会設置の認可を得た。

この時も、おやしきでは教祖ご在世中と変わらず、警吏がやってきて信者を門内に入れず、毎日取り調べをしていた。そこで東京で教会本部設置の申請をすると、知事の認可が出た。その教会をおぢばに移し、奈良県知事宛に移転申請して認可を受けることができた。
やがて、教勢は爆発的に増大し、全国に教えが拡がっていく。しかし、それに伴って、迫害の方も、教勢の増大に比例して激しくなっていく。それが明治二十九年の、いわゆる内務省の〝秘密訓令〟でピークを迎えることになる。

2　明治二十九年の節

李元範氏は、当時の官民あげての非難攻撃について次のように述べている。

一方、脅威的ともいえる天理教信者の増え方は、さまざまな社会的な反作用をもたらした。地主たちは働き手を奪われたため怒った。病院は患者がいなくなり、寺は信者が来なくなったため怒った。そして、啓蒙主義的な知識人は、民衆の無知を暴露するために筆を執った。

明治二十六年、羽根田文明著『天理教弁妄』が出てから明治三十年にかけて、天理教を攻撃する文書が次から次へと現れた。また、多くの新聞が天理教を非難する記事を載せた。

そのなかでも「中央新聞」はもっとも徹底していた。百五十回の天理教批判の連載記事の最終回にも、その徹底ぶりをうかがい知ることができる。

『回顧すれば本年四月中旬、始めて邪教淫祠天理教会筆誅《ひっちゅう》の記事を掲げしより月を閲するること半年余、回を重ねること百五十回、其以前の記事を合すれば殆ど百六十回に余り、未だ全滅に至らずと云ふと雖《いえど》も、充分その根本より大打撃を加へ、彼等邪教の徒をして一方に屏息《へいそく》し、再び其気炎を揚る能はざらしめしに至っては、我社聊か世に尽した処ありと信ず、（中略）且つや最初より天理教の毒害に就て、読者の我社に寄せられしもの、積んで机上に山をなせり、是等は漸次雑報欄内に揚げて、絶えず鍼砭《しんぺん》を加ふるあらんとす、我が愛読者よ、彼の邪教徒よ、決して我が社一時の休筆するを以て、全然邪教淫祠天理教会を放釈せるものと為す勿《なか》れ、敢へて茲《ここ》に告白する。（明治二十九年十一月七日）』（筆者註―一部ルビをはぶいた）

以上のような天理教に対する批判は、一般の人びとの天理教に対する警戒心を一気に高めさせるものであった。天理教の信者であると名乗るだけで正常な隣近所のつきあいができなくなった。布教活動がますます難しくなり、既存の信者のなかからも教団を離れる人が続出した。そして、このような状況に決定的な影響を与えたのが、明治二十九年（一八九六年）四月六日に内務大臣から全国の知事宛に出された次のような内務省の「秘密訓令（内務省訓令甲十二号）」であった。

「近来、天理教の信徒を一堂に集め、男女混淆動《やや》もすれば輙《すなわ》ち風俗を紊《みだ》るの所為に出で、或は神水神符を附与して愚昧を狂惑し、遂に医薬を廃せしめ、若くは紊りに寄附を為さしむる等、其の弊害漸次蔓延の傾向有之、之れを今日に制圧するは最も必要の事に候条、将来は一層警察の視察を厳密にし、時宜に依っては公然会場に臨み、若くは陰密の手段を以て非行を抉摘《けってき》し……」（筆者註―カタカナをひらがなに変更）

内務省訓令以後の天理教の状況は実に悲惨なものだった。どこの教会にも警察の監視の目があり、信者たちの出入りは自由ではなくなった。多くの布教師たちが新天地を求めて海外に出かけたのも、この時期以後のことであった。このような状況を前にして、これまでのやり方では天理教の未来はないと誰もが思うようになった。天理教のあり方に大きな変化をもたらした明治国家に対する一派独立運動はこのような時代意識を背景にするものであった。（註5）

よく当時の事情を捉えている。

明治以後の日本における最大、最強の宗教団体は本教であった。信者や檀家や氏子の数なら、もっと大きな教団は他にもあった。しかし教えの斬新さ、信仰の熱心さ真剣さという点で、本教の信仰者に匹敵する教団はなかったと言ってよい。

明治に入って宗教界も激変した。「廃仏毀釈」の嵐を受けた仏教界は近代化に取り組んだ。しかし先に述べたように、多くの寺院は長い間徳川幕府の庇護《ひご》を受けてきた惰性を引きずり、もっぱら死者供養を行い、庶民の切実な苦しみや悩みにはどちらかと言うと無関心であり、貧苦や病苦などに苦しむ人びとに救済の手をさしのべようとはしなかった。そして相変わらず現世逃避の教えを説いていた。

一方、神道は、国家の宗教的道徳とされ、各地の神社では昔ながらのさまざまなお祭りや行事が行われたが、同じく庶民の苦しみや悩みをたすける活動は見られなかった。

庶民の悩み、苦しみを本当にたすけてくれる教えを人びとは待ち望んでいた。そこへ、教祖の説かれた、世界一れつたすけの教えが現れたのである。他の教えにない教理の卓越性、明るさはもちろんのこと、教祖五十年のひながたを通しての教えは、不思議なご守護の数々と共に、信仰の面でも他に較べることのできない迫真のダイナミックな信仰活動を生み出し、本教は爆発的に発展し、明治、大正、昭和期の宗教界をゆるがした。

最も力強く影響力のある宗教であったが故に、一番恐れられ迫害されもした。一番いじめ抜かれたと言える。

二、中傷文書

1　中傷文書の出版

迫害の手を加えたものは、国や政府だけでなかった。数多くの既存宗教団体や勢力が徹底して本教の教勢の拡大を妬み、憎み、非難中傷し、さらには撲滅し破壊しようとしたのである。その迫害の歴史を詳細にたどれば、恐らく何冊も本が出来るであろう。

本教を迫害したのは、政府当局だけではなかった証拠に明治四十一年十一月、本教の一派独立の認可をした当時の宗務局長が、「既に十年以前に其の独立を見る可き筈なりしも当時世評之をゆるさゞるものあり……」（註６）と言っていることからもわかる。

政府当局の判断としては、十年前、すなわち一派独立請願のとき（明治三十二年）に認可されてもよいのに、それができなかったのは〝当時世評〟すなわち当時のマスコミやその他の民間の輿論の猛反対のためにできなかったと述懐しているのである。このマスコミや民間の反天理教キャンペーンの背後にいたのは、檀家をとられたと怒り狂った仏教や、医療拒否をすると反発した医師たちや、本教を低俗な邪教と蔑視した官僚たちであった。

大教会史の中には、本教に迫害を加えたものが何者であったかを生々しく具体的に紹介しているのがある。それによると、地方の警官による布教妨害は早くから行われていたが、明治二十九年の内務省の秘密訓令の後は、公的権力による国家規模の迫害が始まる。しかし、地方レベルでの迫害の主力は言うまでもなく僧侶など仏教徒であり、秘密訓令が出るよりはるか以前から始まっている。

宗教の歴史を見ると、新しい教えが拡がるとき、必ず既存の伝統宗教と衝突が起こり、新しい宗教が古い宗教からの迫害を受けるのはよくあることである。江戸時代を通じて檀家であった人びとが次々と本教に改宗するとなると、それはお寺にとって生活の問題にも深刻な影響をあたえることになる。その上、当時の本教の信仰者の熱心な言動が、仏教徒を大いに刺激したことも事実である。中には、幕末から明治初期の排仏毀釈運動に便乗したような過激な仏壇廃棄を行ったところもあった。たとえば仏像の首に荒縄をかけて、笏《しゃく》でこれをぶちながら村中を引きずり廻したりしたところもあったとか。

本教に入信した人びとが捨てた仏壇で、川が洪水を起こしたという噂が広まった。これは少しオーバーな風評であろうが、しかし、たとえ一基でも仏壇が川に捨てられていたとしたら、仏教徒を大いに怒らせたことであろう。村中が改式（改宗）し、仏壇仏具を処分したところが多かった。そのため、明治の初期から、仏教徒の天理教攻撃は次第にきびしくなっていく。とくに明治二十年以後、教祖がお姿をおかくしになった後、教勢が爆発的に伸びるのに呼応し、仏教勢力による迫害は激烈なものとなった。

明治二十九年の「秘密訓令」があってから、本教への攻撃、批判文書の刊行や講演会、また仏教者による「天理教撲滅運動」が盛んになったように書いている教内の文献もある。しかし、実際はもっと早くから行われていたのである。

田代澤治氏は「天理教に於ける文献資料」を紹介し、「以上の著（筆者註―教内から天理教主義を宣伝した出版物のこと）に対して、天理教の外部から、而《し》かも反対の態度から筆を呵《か》したものを挙げてみやう。その多くは天理教の草創時代即ち明治二十二、三年頃から三十四、五年へかけて、仏教徒が天理教撲滅の一策として出したものである」（註7）とし、明治二十二、三年頃から仏教徒の攻撃文書が出されている、としている。

ところで、明治二十年代の初めからどれくらい、中傷文書が出版されたのだろうか。

弓山達也氏は、明治二十六年から三十五年の十年間に三十冊ほど刊行されたとしている。いっぽう、『天理教東京教区史　第一巻』の中で、明治二十九年までに出た二十冊の中傷文書をあげ、「これらは、発行以来六十年七十年経た今日に残っているものの数で、実際はこの何十倍とも知れぬ反対攻撃の文書が出たものと考えられる」（205頁）としている。実数はよくわからない。しかし厖大《ぼうだい》な数の中傷攻撃文書が出された。それこそ官民・朝野《ちょうや》をあげての猛烈な非難、中傷、攻撃が、すでに明治の初期から始まっているのである。

武田道生氏は、明治二十四年十月の東京警視庁警務局通牒警ノ一第九〇九号「天理教ノ看板ヲ掲ケ風俗ヲ紊《みだ》ル所為ナル者取締方」をとりあげ、この時点で既に「吉凶禍福」「金銭の寄進」「婦女を集め猥褻《わいせつ》の行為に渉り」との噂が広まり、天理教に対する「淫祠邪教観」が定着していたことを指摘している。

現在知られている一番古い中傷文書（単行書）は、秘密訓令の出る六年前の明治二十三年八月に、慈無量社から出ている『真理之裁判』という本である。これは「人心ヲ惑乱シ社会ノ秩序ヲ紊シ正理公道ヲ害スル邪教」（筆者註―新漢字に変更）として裁判するという形で、本教を中傷非難したものである。

現在でも多くの仏教書を出版している京都東本願寺の近くにある法蔵館からは、『天輪王弁妄』が明治二十六年に出版されている。同じく明治二十六年に出た『實際討論　弁斥天理教』も仏教側からの批判書であり、この頃に出た本教攻撃の本は殆どすべて仏教者の手になるものである。こうした反対文書の中にははっきりと「佛教の敵　天理教」と書いた本がある。それは神戸の日東館書林から明治二十八年八月に出版された本で、正式の標題は『佛教最近之敵　一名天理教之害毒』となっている。

2　中傷文書の内容

仏教関係者から出版された中傷攻撃文書のいくつかの内容を見る。

羽根田文明は前記『天輪王弁妄』の中で、天理教の蔓延《まんえん》を防ぐために、止むをえず圧制的手段を用いている例として、たとえば村会の議決、または有志者が申し合せて規約を設けて天理教会に加入しないよう誓約させ、それに違反する者には二十円以下の違約金を出させるとか、村内の交際を止めるという誓約書に記名捺印させるとか、また小作人で天理教に行くときは田畑を返還さす等の威圧的方法をとること、また村長、駐在巡査、教員、神職、僧侶らがひそかに村民の行為を注意して予防策を講じている様子を紹介している。撲滅の良法はもちろん群衆の愚蒙を啓発すること、教育によって行うべきだとし、そして仏の法田を荒し、仏の教域を侵し、寺に縁のある檀信徒が邪道に迷いこむのを放任している僧侶の責任を、きびしく批判している。

前述した月輪望天著『佛教最近之敵　一名天理教之害毒』の緒言で、著者は、仏教の敵はキリスト教ではなく、天理教であるとし、次のように書いている。

……既に五百万の信徒を有し隠然《いんぜん》として勢力を保ち、文明の進歩を殺《そ》ぎ智徳の発進を妨げつゝあり、仏教特に真宗の如き主として儀式を貴び習慣を重んじ多く感情の上に組織せられたる宗旨の為めには、彼の多少道理を知るの耶蘇教《やそきょう》よりも最も直接なる怨《おん》敵《てき》と謂はさる可からず、今にして之が害毒の根源を発き以て大に撲滅退治の術を施さずんば、終《つい》に東西本願寺の畏るべき大難と化するのみならず、抑《そもそ》も又国家を野蠻に誘ふの大弊を醸すに至るや必せり、即ち仏教最急の敵は遠く耶蘇教にあらず近く天理教に在り、天理教は併せて真誠なる国民の公敵たるを忘るべからざるなり。（註８）

すなわち、天理教は既に五百万人の信者をもっている大宗教であり、それは文明の進歩や知徳の発進を妨げる儀礼や慣習を重んじ、感情の上に組織された仏教、とりわけ真宗にとっては、多少は道理をわきまえたキリスト教よりも最も直接的な憎むべき敵であり、今撲滅退治しないと東西本願寺に対し恐ろしい災いをもたらすだけでなく、国家を野蛮にしてしまう。仏教の最大の敵は天理教でありキリスト教ではない。仏教の敵であるばかりでなく、国民の敵であると批判する。

そして、「天理教を撲滅退治するは自ら宗教に盡すの義務のみならず、寧ろ国家の害毒を除くの急要事ならずや、依て余輩は茲に大に感あり筆を起し敢《あえ》て一冊子を著し大に天理教撲滅退治策を講せんと欲す」（同書）と言っている。

すなわち、天理教を撲滅し退治することは宗教者が自宗に尽くす義務であり、それは国家の害毒を除くために緊急に行うべきことである。そのために天理教を撲滅退治する方法を述べたい、と書いているのである。

仏教の中でも、宗派別でみるととりわけ真宗関係者が本教攻撃の中心勢力となっていた。その攻撃ポイントは、愚民が信仰する淫祠邪教がこれ以上増大すると浄土真宗にとって大いなる脅威となるということ。それと共に注目すべき点は、皇祖天照大神や皇室にたいし不敬、不忠であるということであった。明治二十年代、三十年代の本教攻撃の主役であった仏教徒が、本教を皇祖や皇室にたいする不敬や不忠の輩《やから》と言って批判していることは注目に値する。

本教の勢力拡大が、国家の将来にとって危険だとする仏教徒の主張の例として、この他にも明治三十五年七月に出た永田三策著『浄玻璃にて見たる天理教』があげられる。そこで著者は、天理教が明治二十年からわずか十五年で三百万の大きな勢力になったとし、「八萬の僧侶中一人の慷慨《こうがい》家なく空敷自家の領分を天理教の奪掠《だつりゃく》に放任するの陋態《ろうたい》を憫《あわれ》まずんばあらざるなり」として仏教徒の無力をなげいている。

ここでは、本教の拡大に対し、八万人もいる僧侶は誰一人として憤慨もせず、徒に自分の檀家を天理教に奪い取られるままにしているだらしない姿を哀れと嘆じている。

そして「豈《なんぞ》恐るべき大邪教にあらずや我憲法第二十八条は安寧秩序を害せざる限度に於て信教の自由を保証せられたるものなれば公安に害ある教法は素より憲法の擁護すべき限にあらず去れば天理教の如き實質上世道人心を善化する資格なく實害百出殆んど停止する処なきものに在りて速に之れが布教を停止し之が存在を非認《ひにん》するにあらずんば国家の前途に於て蓋し大なる危害を生ずるに至るべし恐れても亦懼《またおそ》るべき次第にあらずや」(同書)とし、天理教は恐ろしい大邪教である。たしかに憲法第二十八条には、社会の安寧秩序を犯さないかぎり信教の自由は認めているが、天理教は害毒をもたらす教えであるから憲法の保障の埒外《らちがい》にあるものとし、早急に布教を停止させ存在を中止させないと国家の前途に大きな危害をもたらす、と非難している。

このように仏教勢力は国家を守るためにという大義名分をかかげ、本教を国家の前途を危うくする危険な宗教と批判し迫害を加えたのである。

仏教勢力、とくに浄土真宗による本教に対する攻撃批判は、明治二十代、三十年代だけで終わったのではない。その後も続けられていた。

例えば、明治二十年代に本教への中傷批判の本を出した法蔵館発行の月刊誌『講壇』の昭和十一年三月号は、特輯号「新興宗教排撃號」を出版している。その中には、山谷義信「天理教の正体を發《あば》く」、匿名座談会「教家の立場から天理・大本・人の道・生長の家を語る」などが掲載され、また仏教系の著名人にアンケートをし、その二問目が、大本教、天理教の検挙に対する御感想は?　としている。それに対して多くの人は〝念を入れて裁断すべきである〟とか、〝邪宗討伐のために必要〟などと言っている。

その座談会の中ではまた、「その他教義の中に共産主義的なところもあってね……」とか、「これなんざあ一種の共産主義思想とも考えられるのではないですか」と、かしもの・かりものの教理を中傷している。

当時の仏教勢力による迫害の実態については、二代真柱様が東京帝大に提出された卒業論文「伝道ニツイテ」のため全国から集められた調査レポートの中から、百例を選んで発表された『みちすがら』(註9)に生々しく報告されている。それを見ると僧侶、寺と村人と警察とが共同して天理教攻撃や天理教撲滅運動を村ぐるみで組織的に行っていることがわかる。先の羽根田文明の言う〝撲滅の圧制的手段〟が、全国規模で日本の各地で村単位でも行われたものと思われる。その実態を、少し長くなるが引用してみる。

明治二十四年頃急速なる本教の発展を見たる仏教僧侶の羨妬《せんと》は、遂に天理教攻撃、天理教撲滅運動となって現はれ、加佐郡仏教各宗寺院住職は聯合《れんごう》し、連日天理教攻撃の演説会を催し、本教の撲滅、信徒の離散に努むるにより……（7頁）

……大草村西尾宅にて或る日説教の最中、丈六村の僧侶等謀《はか》りて弁護士数名を引具《いんぐ》し、討論に来りて説教の邪魔立てをなしたり。（10頁）

しかるに喜連講は平の郷に引替え盛大にして信徒は皆仏壇を売り天理王命を祭りたるにより、遂に周圍寺の住職の反感を買ひ、三里四方の住職数十名来りて茲《ここ》に協議し、天理教退治の幕となりたり。（12—13頁）

……これ一つは神の偉大なる御守護を知らざると、一つには仏教が本教のために次第にその信徒を奪はれ行く不安に対する無念晴らしのための仕業なりき。……又仏教僧侶側の反対も此の上もなく、当村仏号寺なる寺に於いては、稲葉了證《れいしょう》なるもの天理教撲滅運動、演説会を開き、あく迄も本教を妨害し、本教を根絶せしめんと努力したり。教会の開筵式にはます〳〵ひどく、式典を妨害せんものと祭典日にはちゃんと教会玄関まで押掛け来りたることもありき。（15―16頁）

就中《なかんづく》善勝寺住職は……同寺の境内に於て天理教攻撃の幻灯を催し又天理教撲滅の大演説会を開くなど、悪口雑言をなせり。（22頁）

殊に僧侶等は本教の教理を曲解して悪宣伝をなし、信徒の改式は云ふに及ばず、終には暴力を用ひてまで本教の信仰を阻止せんとしたり。（29頁）

村内の僧侶を中心に有力者明道会なるものを組織し、大々的天理教妨圧運動をおこせり。（30頁）

船井郡全般の僧侶の反対を買ひ、彼等は天理教退治の演説会を催し……（37頁）

例へば毎月劇場に於いて二三回に亘り、僧侶西川光浄等主催となり、反対演説会を催し、東西屋等をして町の辻々にて淫祠邪教なることを吹聴せしむることをする等、言語に絶するものありたり。（54頁）

到々《とうとう》附近の西福寺と云ふ寺の住職等の反対となり、遂に反対演説を至る所に於てなし、本教入信、布教の妨害をなさんとした。その上高野山から僧侶の応援が下山して攻撃又攻撃をなし……（68頁）

各所寺院の坊主は本教の次第に発展して行くのを呪ひ、夫々天理教退治と云ふ大旗を押立てゝ、猛烈なる反対演説を試みた。（74頁）

隣村真言宗円明院又は各所の寺院に、僧侶和大圓師なるものを頼み、同年五月天理教迫害演説をなし……（85頁）

……村内七ケ寺の僧侶等は畑中大僧正を迎へて、三日間の集会談合の結果、天理教

退治のポスターを各所に張出し、七名の僧侶教会へ押寄せたゝめ……（93頁）

此の日光の地は有名なる天台宗の本山にして、本教の霊救によって入信する者出づるや、一山の僧侶は挙《こぞ》って反対攻撃し、その勢甚だ盛なるものありたり。（103頁）

神様の御話が終るや否や、前以て打合せしものと見え、寺の坊主三十余名押寄せて、天理教をぶっつぶしてくれるとの意気込みにて反対し来れり。（105―106頁）

それより早速仏教団体を結束して反対運動を起し、本教の撲滅を高唱し、土地の有力者を説き速かに邪教天理教を本町より駆逐せよと絶叫し、あらゆる手段を以て町民を煽動し、且名士を動かし共に策動して縣当局に迫る等、その運動激烈を極めたり。（109頁）

明治二十八年の仏教の反対、それに加ふるに地方民の反対は、最も猛烈を極めしものにして、僧侶山田某は本教信仰を撲滅せんとして、事実無根の虚説を各地に於いて吹聴し、私の郷里中野の大反対の時等は、法蔵寺の鐘を乱打し、村人を集め、寺から酒の饗応をして夜に入り、喧騒罵声(けんそうばせい)をあげて攻め寄せたり。翌朝起きて見るに、肥桶に小便一ぱい入れ、墓石を台として立てかけ、戸を開けたら屋内に転倒すべく装置をなしゐたり。　（111頁）

信徒増加したれば仏教僧侶の嫉妬は、加佐郡仏教各宗の住職連合の天理教撲滅運動となって現はれたり。　（125頁）

……明治二十七年当時岩浜支教会開設の前後、天理教撲滅運動を起し、各宗の僧侶及び宗徒多数は、挙って本教を非難攻撃せり。……平素より本教を敵視しつゝありし仏教教徒は、本教の発展を嫉妬し、就中《なかんづく》僧田中護法なる者を先頭に立てゝ多数の信徒は熱心なる宗徒を狩出し、大挙して天理教退治を議し、後愈々具体的悪辣《あくらつ》なる手段に訴ふるに至りたり。その最も愚劣なる手段とては、我々信徒の最も尊崇する御神前に、人糞に浸せる青菜葉の大なる株を投込み、又門灯、街灯を破壊する等幾回なるを知らず、剰へ《あまつさへ》夜陰を利用し教会所の看板を取り去りて汚水溝に埋没し、翌朝に至れば彼等は数台の人力車を連ねて、天理教退治なる旗を流しつゝ市内を宣伝して……　（130―131頁）

寺院僧侶は団結して天理教退治として説教弁士、貫我居士《ぬきがこじ》を傭ひ、天理教撲滅演説を数回なし、神官は申合せに依り、本教信徒に対しては年始の祈禱を中止し……

（160―161頁）

……寺の住職、早速本教に対する反対運動をおこし、会員を引率して滞在所に来り、手に手に刃物其他の凶器をたづさえて直接弁難攻撃したり。

（165頁）

（筆者註―引用文は一部現代の漢字に変え、不要なルビをはぶいた）

これらの悲痛な報告は、ほんの一部であろう。言語を絶するひどい迫害に耐えかねて信仰を止めた人もいた。そんな人の証言はここに記録されていないからである。

寺や僧侶と町村や警官が一つになって本教の信者に猛烈な攻撃を加えているが、そのあまりのひどさに、多くの報告者は〝言葉では表せない〟と言っている。言語に絶するひどい迫害が行われた。この僧侶たちの本教迫害を、村や警官が支援しているということは、仏教徒による迫害を当局が認めていたということであり、明治二十九年の秘密訓令のはるか以前から、官民一体の本教攻撃が行われていたということである。この〝民〟の主役は仏教僧と信者（檀家）たちであった。

ちなみに、この百例の中で、神道—神社や神官による迫害については、僧侶と連合してというのが数例出てくるだけである。全国各地の町や村で、仏教勢力が中心となって本教に対して迫害を加えてきたのである。

この迫害の中を、本教の布教師はくじけることなく、堂々と彼らと戦いながら、においがけ、おたすけに全力をつくしたのである。

本教の信仰者は、教祖のひながたに感動してそのひながたをたどり、社会のどこでも黙々と教えを実行し、世間の非難中傷をものともせず世間の鑑みとなり、里の仙人として、なるほどの人として、人びとが感動する立派な生き方を貫いた。それは、正に「謙譲・従順・寛容・静粛・質素・感謝・歓喜・肯定・努力・進取・躍進は天理教徒の性質の種々相であります」（註10）という生き方であった。それを低俗な愚民の淫祠邪教として撲滅しようとしたのである。

3　マスコミによる中傷

マスコミによる中傷攻撃も、熾烈《しれつ》を極めた。

これについては、天理大学名誉教授だった高野友治氏と助教授を務めていた金子圭助氏による研究がある。（『天理大学学報』42号、56号参照）

笠原一男氏は、

内務省が天理教の取締りにのりだす以前に、ジャーナリズムによる天理教の批判と攻撃が、新聞、雑誌をつうじて激しく展開されていた。各紙は、筆をそろえて、天理教を淫祠邪教として批判し、数カ月にわたる天理教の批判を連載するといった有様であった。なかには、信者のさ細な言動をとらえ、針小棒大に報ずるのはまだしも、事実無根の捏造《ねつぞう》記事によって、天理教にたいする国民の反感をそそっていった。

（註11）

とし、都新聞、朝日新聞、報知新聞、東京日日新聞、読売新聞、中央新聞の記事の一部を紹介している。

当時の日本のジャーナリズムの主なものが全部揃って本教攻撃に参加した。こうしたことは日本のジャーナリズムの歴史はもちろん、近代国家のジャーナリズムの歴史においても、前代未聞のことである。

近代日本の宗教史においても、全く異常な事件であった。日本の全ての新聞が罵詈雑言、非難中傷のキャンペーンを行い、連日ある特定の宗教教団をたたくということは今までにもなかったし、これからもない。その点でまさに未曾有のことであった。

そして遂に、政府が内務省訓令を出し、国家権力によって、本教の制圧と破壊を全国の警察に命じるという異常な事態が起こるのである。それがもたらしたダメージの大きさは測り知れなかったことは、先の李元範氏が指摘している通りである。

迫害したのは、仏教勢力だけでなかった。僧侶と手を組んで本教を敵視した医師も多い。これは本教の先人達が徹底して神祐《しんゆう》を願ったことにたいする医師の反発であり、彼等は本教を医薬を妨害する邪教といって迫害を加えた。

そのため、先人達は、死亡診断書も書いてもらえず、墓地埋葬を拒否されるなど、全く言葉に言い尽くせない苦労をしつつ、しかもその中をおたすけに献身され、日本における最も有力な教団に育て上げられたのである。

三、秘密訓令

1　なぜ、「秘密訓令」と言われるのか

内務省訓令によって本教が受けたダメージについては、弓山達也氏も「天理教にとっては大きなダメージとなった」とし、またそれが一派独立運動にも悪影響を与えたことを武田道生氏は次のように指摘している。

こうして、公権力の訓令によって攻撃を正当化されたジャーナリズムは批判記事を書き続け、攻撃書が相次いで出版された。全国的に天理教攻撃演説会、警察の取締・厳重達・教会認可の取消が相次いだ。これに対して信者のなかには、意気を喪失するものも出はじめ、教団の改革条項にもあった教会設立の停止と金銭を集めることの停止から、教勢は全教団的に停滞していった。具体的には、教会数（筆者註―年ごとの教会設立数）は明治二十九年の四二二から翌三十年には二一五へと半減し、三十一年にはその半分、以後一〇〇台へと減少している。教団がひたすら、一般社会、ジャー

ナリズム、公権力の批判をかわそうとし、また実際には教勢を拡大できずにいた状況が明らかである。こうして天理教に対する淫祠邪教観は、この間に決定的に形づくられ、継承されていき、再三の独立運動も明治四十一年になるまで認可されることはなかった。（註12）

内務省訓令によって本教が受けた被害について上村福太郎氏は、『わが心動かず―初代真柱・中山眞之亮様の御生涯』の中で次のように書いている。

> 当時の道にとって、この秘密訓令（通称）なるものは、表面的には一大鉄槌《てっつい》であった。あの燎原《りょうげん》の火の如き教勢も、全くぱったりと止まってしまったかの如き状態となった。否、それどころか、翌明治三十年六月頃から安堵の水屋敷事件、また、これに引き続いて、当時本部の重要な人達までが、この尊いだめの教えに見切りをつけて離反して行くなど、この気の毒な人々に対して、初代真柱様はいかばかり心をお痛めなされたことであろう。これと共に一方、いい加減な信仰の持ち主は皆ばたばたと将棋倒しに、一応道から離れて行ってしまったのである。長年親神様の深い思召を身に受けて、やむにやまれぬ世界だすけのため、親神様の教え、だめの教えの明日への一大発展のために、真実の人々は、この大ふしを乗り越えて、初代真柱様を中心に、よ

り以上の結束が始まったのである。（註13）

お上が絶対的な力をもっていた時代——徳川時代からまだ数十年しかたっていない時である。——一般庶民の官憲への恐れは、今日からは想像できないくらい大きかった。その官憲が本気で本教に対して弾圧を加えたのである。その迫害に本教の教信者は誰もが恐怖を感じた。もちろん布教は警官の妨害でできない。信者は官憲におびえて教会から去っていく。教会には誰もこなくなり、多くの教会は潰れていった（ちなみにキリスト教へのこのような迫害は、明治六年以後なかった。むしろ政府は腫れ物に触るようにキリスト教を扱っている）。

条件つきではあれ、憲法で信教の自由を保障している近代国家に、あってはならない不当な宗教迫害であったのである。であるが故に、秘密の訓令にしなければならなかったのである。

武田道生氏は、訓令は原則としては非公開のものであり、警察要覧の中には「秘密訓令」とほぼ同文のものが出ている上、明治二十九年四月十七日に新聞に全文が掲載されているから、「秘密」的性格はないと言う。

しかし、法治国家に於て政府当局が、法律に反した行為を何ら行っていない天理教を「制圧」せよと訓令することは、明らかに憲法違反なのである。本教は当時、神道本局に所属し、本局の度々の指導にも従い、全く合法的な活動をしている宗教団体である。それを「制圧」せよという訓令を出すことは公式には出来ないはずである。いかなる法的根拠もないことを政府は敢えてしようとしたのである。

もし、そういう憲法や法律違反を政府が行えば、国内はもちろん海外からも批判を受けねばならなかった。従って、公然と公に出来ない訓令であった。「秘密」とは、政府が憲法違反をするので、表に出さずに行ったという意味である。つまり憲法違反を承知の上で、秘密に、こっそりと、本教を制圧し、できれば破滅に追いやろうとしたのである。

それも、官民、朝野が手を組み、一致してそれを行ったのである。不思議なことにこの時、在野の知識人、言論人、批評家などからこの訓令の不当性やその法律違反について政府を批判した人は誰一人いない。これは官民が天理教攻撃という点では一致していたということである。

2　大教会史に見る迫害状況とそのダメージ

お寺の多い京都にある河原町大教会が発行した大教会史の中に、仏教とのトラブルが次のように記録されている。

布教が熱心に行われ、お道が広がれば広がるほど、世間の目は厳しくなり、とりわけ在来の宗教の本教に対する攻撃は激しくなった。

京都でも、明治二十三年ごろから数年間、この種の事件が頻発している。その原因の根本的なものは、いづれも改宗に伴う寺院運営上の問題で、これは対僧侶事件が主として農村において起きていることをみても明らかである。当時の「改式届」を次に掲げる。

改　式　届

近江國高島郡水尾村大字鴨
第百拾號　平講　菊田文右衛門
今般皇道ニ基キ家族共復古改祭仕度候間此段御届ケ申上候
廿三年　月　日　三拾貮號下龍花　㊞
天理教會河原町分教會役員　御中

またもう一つは、そのころお道の人々の中に、教理の体系的な理解が徹底していなかったこともあって、ただ仏教を攻撃さえすれば、すなわち「仏教こぼち」の話をすれば、それがそのままお道の話になると考えた人が少なくなかった、ということが挙げられる。これがときには、お話だけに終わらず、所によっては、仏像の首に荒縄をかけて、笏《しゃく》でこれを打ちながら、白昼、村中を引きずり回すというようなことにまで発展してしまったこともあった。これを見れば「仏教こぼち」の程度もおよそ想像できるが、一方、仏教徒側の憤激の程も理解できないことはない。こうしたところから仏教徒側も「天理教こぼちの演説会」を開いたり、講社づとめを妨害するため、暴力によるなぐり込みや往来妨害、また、弁難、すなわち説教者と問答してこれをやりこめるという手段を講じたりした。

（『天理教河原町大教会史　第一巻』202―203頁）

高知大教会の場合、まず明治二十年の直後ぐらいから迫害がはじまっている有様を大教会史で紹介している。

さてこうして、お道の評判はいやが上にも高くなっていったが、同時に諸方から反対攻撃の火の手があがってきたのは、これまたやむを得ないことであったと言えよう。

当時、県下で最有力な日刊紙であった土陽新聞は、天理教を敵視しあるいはさげすんで、ことごとに猛烈な攻撃を加えていたが、集談所開所祭のとき、真夜中に消灯して勤められたご遷座の模様をねぢ曲げて、「おぬくもり」などと、ことさらに一般の人の卑猥《ひわい》な好奇心をそそるような記事を書き立て、世論をあおった。

このときは、周旋の和田音次郎ほか二名の者が新聞社に乗りこみ、厳しい抗議から談判のすえその記事を取り消させたが、こうしたところから、無頼の者たちが面白半分に乱暴したり、いやがらせや質《たち》の悪いいたずらをするようになった。

あるときは祭典の最中に、数十人が徒党を組んであばれこみ、三宝をはらい落とし、瓶子《へいし》をたたき割り、割れ瓦や古草鞋《ふるわらぢ》や馬糞を神前に撒《ま》きちらしたりという狼籍《ろうぜき》を働らいた。とめると図にのって余計あばれるし、とめなければしたい放題、仕方なく警察へ通報したけれど、その警察が逆に天理教の方を取り締まろうという姿勢であったから、すぐに警官を差し向けてくれるはずがなかった。

また、周旋の家などにも暴れこみ、なんとか喧嘩口論にもちこんで、悶着《もんちゃく》（もめごと）の種にしようと企らんだが、そのたびごとに菊太郎（筆者註―高知大教会初代会長）は、教祖ひながたの道を説きご苦労を偲んで、一同にたんのうの教理を仕込むのであった。

こうした特別な祭典日とか説教日といった日でなくても、集談所に石ころや汚物《おぶつ》が投げこまれるのは常のことで、会議やねりあいなど少しまとまった人が集まったときなど、危いことがたびたびあり、礼拝場は危険なので、神床の裏の小部屋で話し合いをしたこともあった。

　またこんなこともあった。

　市の北郊江ノ口《えのくち》村に島村《しまむら》猪之友《いのとも》という人があり、病気になったので市内の某医師の診察をうけたところ、破傷風《はしょうふう》と診断されて治療をうけていたが、一向に快《よ》くならなかった。

　たまたま人づてに天理教の評判を聞いたので、早速おたすけを願うてきたところ菊太郎の真剣なお願いによって、四日目にはすっかり熱がさがって快癒した。ところがその翌日、再び発熱して元の病状となったので、他の医師の診察をうけたところ、破傷風ではなく脾肝《ひかん》の熱であって、先の医師の誤診とされ、島村猪之友は間もなく死去したのである。

　これに対して、最初診察したその医師は、自分の誤診を取りつくろうため、「天理教が服薬の妨害をして死に至らしめたものである。」と新聞に投書したことから、いろいろと批判する者が続出し、菊太郎は高知警察署に出頭を命ぜられ、竹村という刑事から事情聴取された。

この事件が起きてからは、医者の攻撃は組織的になり、執拗《しつよう》をきわめたが、同時に医者だけでなく、神官僧侶の一部までが、自分等の信徒・檀家《だんか》を横取りされるといった恐怖感から団結し、天理教撲滅運動を起こして一般の人も誘いこみ、県下各地で大いに気勢を挙げたこともあった。

彼等はまた、政治屋くずれの壮士や弁士を雇って「天狸狂撲滅大演説会」などというのを開いたり、無頼《ぶらい》の徒（ならずもの）を動かし至るところで布教の妨害をしたりしたが、やがて彼等自身の経済的な行き詰まりがもとで内輪もめが起き、結局自然消滅の形をとったのも理の当然というべきであろう。

またある日のこと、どこかで雇われたこうした暴漢が、幾組か集談所へ押しかけてきたが、これが門前で鉢合わせして先陣争いをはじめ、誰も譲らないところから殴《なぐ》りあいの喧嘩となり、怪我《けが》人まで出る騒ぎとなった。集談所に来ていた人たちが逆に仲裁にはいったがどうしても治まらず、怪我人を礼拝場に運びこんで、おさづけをお取り次ぎしたり、傷の手当てもした。

こんなところから警察が監視の目を光らせるようになり、暴れ込む方よりも集談所への干渉が厳しく、にをいがけやおたすけで他人の家を訪ねることを制限したり、また集談所の門内へみだりに人を入れぬよう命令されたりした。

そのため集談所では、祭典日や説教日、何かの集まりを持つたびに、門衛をつけたり見張りを立てて、自衛の策をとらなくてはならないほどであった。

（『天理教高知大教会史　第一巻』56―59頁　筆者註―漢字のルビを一部はぶいた）

これを見ると、官民両方から迫害が行われたことがわかる。

また、明治二十九年の秘密訓令に伴う苦難についても、同大教会史ではかなり詳しく紹介している。

明治二十九年四月六日、本教が公認されて以来、最初にして最大の試練ともいうべき、国家権力をもってする干渉、公然たる弾圧としての内務省訓令甲第十二号が発布された。

時の内務大臣、伯爵芳川顕正の名によって、

――近来、天理教ノ信徒ヲ一堂ニ集メ、男女混淆動《やや》モスレバ輒《すなわ》チ風俗ヲ紊ルノ所為ニ出テ、或ハ神水神符ヲ附与シ、愚昧ヲ狂惑シ、遂ニ医薬ヲ廃セシメ、若クハ妄リニ寄附ヲ為サシムル等、其ノ弊害漸次蔓延ノ傾向有之、之ヲ今日ニ制圧スルハ最モ必要ノ事ニ候條、将来ハ一層、警察ノ視察ヲ厳密ニシ、時宜ニ依ツテハ公然會場ニ臨ミ、若クハ隠密ノ手段ヲ以テ非行ヲ摘抉シ、其刑法警察令ニ触ルヽモノハ直ニ相當ノ處分

ヲ為シ、又其ノ然ラザルモノハ必要ニヨリテハ、祈禱説教ヲ差止メ、若クハ取締ヲ厳重ニシテ、殊ニ金銭募集ノ方法ニ付テハ、最モ注意ヲ周密ニシ、且其ノ状況ハ時々報告スベシ。

尚、神佛各宗派ニシテ禁厭《きんえん》祈禱、風紀並ニ寄附金ニ関シ、天理教ニ譲ラサル弊害アルモノ可有之、是亦同様ノ取締ヲナスベシ

右訓令ス

明治二十九年四月六日

内務大臣　伯爵　芳川顕正

と、あったのである。

当時の内務省の権限は、全国の都道府県知事の人事をはじめ、県―郡市―町村といった地方自治の職制の一切をにぎっていただけでなく、全国の警察権も一手に掌握する強大なものであった。

その内務大臣名の訓令である。本教側ではその後も永く秘密訓令とよんでいたようであるが、これは秘密でもなんでもなく、公然と布告された訓令であり、特に甲第十二号の甲の符号がつけられるのは、その省の最重要な案件の証《あか》しであるから、内務大

臣としての取組みの決意が容易でなかったことがわかると思う。

当時の警視總監古賀廉造は、

「自分の一身を賭してでも天理教を撲滅《ぼくめつ》してみせる。」

と、揚言したと伝えられている。

この、国家権力をもってする一宗教団体への、こうした無暴な圧迫干渉は、近代国家の中ではその例を見ない暴挙であった。

宗教団体への弾圧なり取り潰しといったことは、枚挙にいとまがないほどある。しかしどんな国家でも一応法治国家を名乗るかぎり、その団体に法に反する事実があったとして取掛るのが例である。昭和初年からの軍部の干渉、やがて不敬罪とか税法違反（脱税）等の名によって、一部宗教団体が取り潰されたのは記憶に新しい。

このように、こじつけでも横車でもでっちあげでも、何とか触法の事実としたものによって、弾圧を始めるのが常であるが、このときの内務省訓令だけは、そうしたことに一切触れず、無條件な天理教弾圧の指令であったのである。

ともあれその意図はどこにあったにせよ、国家権力による公然たる弾圧は、官尊民卑、官（役人）にあらざれば人にあらずといった封建的気分が国中に充満し、「おかみ」のなさることに間違いはない、と一般国民はひれ伏した当時のことであるから、全教に与えられた痛撃ははかり知ることができなかった。

しかも、こうした権力側に追随する新聞や雑誌等はもとより、本教の異常なほどの発展をつねづね敵視し、ことあれかしと狙っていた神官、僧侶、あるいは他宗の人の中から、得たりとばかり非難攻撃の火の手があがったのである。

あるところでは、駐在巡査がサーベルをがちゃつかせながら、信者宅を一軒一軒巡回して臨検し、

「天理教は今度国法によって淫祠邪教と断定され、いよいよ取り潰されることになった。お前たちも、あんなものに騙《だま》されておったら監獄行きになるぞ。」

と脅《おど》し、お祀りしてある神実様を焼き捨てさせたり、あるいは、お社ごと川へ流させたりした。

また、

「天理教の信心をしているような家には診察には行ってやらん。」

といって、往診を頼みにいっても、忙しいとか手が離せないなどと理由をつけて、診てくれない医者もあらわれた。

さらに、

「お前のところは天理教だから、内で葬式や法事をするわけにいかん。」

と、未改式であるのに信者に圧力をかける寺院。

「お前の家は天理教に改宗したのだから、天理教で葬式でも何でもしたらいい。しかし神道の者を寺の墓地へ埋めてもらっては困る、断る。」

と、先祖からの墓地が寺の境内にあるのに、埋葬を断られるといった例さえ見えてきた。

また同じ村人の中でも、

「あの家は天理教へはいったそうな。」

と、一旦噂が村中へ流れると、近所付きあいもやめる家が続出、まるで疫病神《やくびょうがみ》のように嫌われた。

これらの事実は、風当りの強弱はあっても全国的に共通した出来事であり、いずれの項も高知分教会の系統内から、数件、数十件と報告が寄せられたものである。（616―620頁）

本教弾圧の指令〝秘密訓令〟をタテに、一般信者はもちろん教会までもが、官憲、医者、神官、僧侶、隣近所から嫌がらせを受け、改宗や棄教を迫られた。同大教会史ではさらに反対攻撃の実情を記している。

川之江大教会二代会長、神田宇太郎は、晩年、本部員にご登用いただいてからでも、

「秘密訓令が出てからの反対攻撃は、そりゃ酷《ひど》いもんでした。愛媛県でもあちこちで坊さんや神主さんが集まって、天理教撲滅大講演会などというものを開き、お巡りさんを臨席させておいては、勝手なことを言うて猛烈に反対攻撃をするんです。そして、電信柱といわず家の塀といわず貼紙をするのですが、それが『天狸教を退治せよ』『人を騙す天狸教』『田売り給えの天狸教を叩き潰せ。』といった激越な文句ばっかりで、天理教の理を狸と書き換えてあるのです。あれを見たとき、私は、教祖に申訳のうて胸がかきむしられるようでした。それやこれやで、川之江でも信念のない者は一番先に信仰をやめて、向う側について悪る口いうて歩いておりましたが、やっぱりいんねんには勝てなかったように思います。これは単独布教師でも、こんなことぢゃ布教にならんいうて帰ってきたもんもあったようですし、教会への参拝者も目に見えて減ってしもうて……、今思い出しても胸が疼《うず》きます。」

このように往時を回想するときは、温顔を曇らすのが常であった。

こうした、官憲による迫害や干渉も、表向きは三年か五年くらいのことであり、どれほど執拗な地方でも、明治四十一年、本教が神道から別派独立、国から一つの宗教として認められたころまでで終熄している。

しかしひとたび、国の権力によって全国に流された悪名は、それが事実無根のことであるからといって簡単には消えず、人びとの心の奥底にこびりついたままとなり、財産蕩尽、いわゆる「屋敷を払うて田売り給え」の邪教であるとの観念は、永く、本教の発展を大きく阻害する要素として残ったのである。

この内務省訓令という大ふしによって、いわゆる燎原の火とたとえられる勢で伸び拡がってきた髙知の道も、当然、一頓座のやむなきに至った。

大勢の信者の中で、附和雷同的に教会に出入りしているに過ぎなかった者、ご利益信心でご守護ばかり追い掛けていた者、立場や形式ばかりにとらわれてたすけ一條のつとめを怠っていた者、こういった人達はひとたまりもなく信仰を捨て、道から離れていった。（620—622頁）

東大教会の大教会史には、〝秘密訓令〟と〝新聞攻撃〟とそれによって受けた打撃について次のように書いている。

この訓令にさきがけて東京の中央新聞、二六新聞、万朝報を始め其の他の諸新聞は筆を揃えて本教を淫祠と嘲り、邪教と呼び、根も葉も無いことを事実のように?·造（ねつぞう）して罵詈讒謗（ばりざんぼう）の限りを尽し、見るに堪えない記事を四月より十一月に亙る八ヶ月、二百四十日に及んで毎日さし絵入りで二段の紙面をうずめ、中には一年以上もその跡を断たないのもあった。
東京はこの攻撃の発火点であるだけに、東が蒙る迷惑は想像以上のものがあった。折柄内訌事情の火の手が炎々と燃えさかる最中なので、これを嗅ぎつけ、初代会長の悪口雑言を始め、内紛をあばいて誠しやかに書きたてて反対派の喝采を求めたのであった。

壮士はいやがらせに来る、朦朧（もうろう）記者はゆすりに来る、之等の応接にも明け暮れ悩まされ通しであった。反対者はこの新聞を突き附けて「これでも未だ目覚めないか、すぐ潰れる信心をなぜ廃めないか」と信者間をあべこべに説き廻るので、熱心な信者も殆ど去就に迷い、信仰動揺は甚だしいもので、為に教勢は火の消えたようになり、分教会の祭日にさへ誰一人寄り付く者もない始末となった。

訓令は文面に現れたものよりも実際の取締方針は実に厳格、峻酷（しゅんこく）を極めたもので、教義や儀式の点に関しても、神道本局を通じて高圧的な強制を加え、若し之に応じなければ最後の手段として解散を命ずる旨をほのめかしたので、当時の人々の驚きは一通りでなかった。本部では取り敢えずこの事情を申上げておさしづを仰がれた。

（『天理教東大教会史　第一巻』413―414頁）

『天理教南海大教会史　第一巻』には、〝内務省訓令〟が出される原因の一端が本教側にもあったとして、布教師の手紙を紹介している。

この訓令が教会および布教者たちに影響を及ぼしたことは事実である。南海部内には神殿建築中の教会があり、分教会は負債整理の最中であったから、寄付金取り締まりによって打撃を受けたことはいうまでもない。

秘密訓令は、天理教に対する弾圧であるが、其の筋とすれば、訓令を発するだけの理由があった。布教者の中には、当局から指弾されるような遣り方をする者もあったようで、当時茨城県真壁郡伊讃村（現下館市）で布教中の石垣作太郎が、左のごとく山田会長に報じている。が、これに拠ってもその一斑が察し得られるようである。

（前略）内務省より訓令の次第有之趣きを以て注意すべき點御報知被下正に承知仕以後は注意に注意を加へ布教可仕候間御安意可被下候（中略）他教會部下の布教上甚だ不都合之廉多々有之本縣之如きは其れが為地方廳の認可も得る不能夫のみならず今回之内務省の注意を請（受け）しものと奉存候

他の悪しき（を）申述するもよろしかざる義に御座候（得）共始末一寸左に申上候

一助けをするに男女區別なく少くは五六人、多きは十人十五人位連れだち其病人の内へ参り御神楽（てをどり）勤め又甚だしきに至るは馳走為致など、又醫師の藥差止（め）

出来物（腫物）に薬を付け有之時ははぎとり薬を付けさせぬ抔又教師たるもの人の世（人の道）をやぶり人の妻を連れ出すやら、お助け（に）行にわ其家に泊り込（み）たすけの間違等種々様々の不都合且は稲荷おろしのよふな事、又つぼに水を入れ中にどじよ（泥鰌）を入（れ）それへ帛（御幣）を立て祈をかけ、人目をかくし鹽をうち込（み）其幣動く時は必ず神様の御請（受）有ると申（し）色々人を惑はし實に紙筆（に）盡し難き弊害を来たせし者に御座候

付ては両三日前日本橋分教會部下より出張せし下館町講社結成所は巡査入込（み）取拂を命ぜられたる由其他も追（々）取拂の命を下す由（明治二十九年五月二日付）

石垣が指摘したような事実は他府県にもあったことと思われる。一部布教者の常軌を逸した行為が累を本教全体に及ぼしたわけで、一方的に官憲の取り締まりのみを非難するは妥当でない。なお山田会長から、改革についてのおさしづの写しを受取った石垣は、「御差圖によれば御道に入て教を守らざれば反對同様（と）の事、苦しむ中にたのしみ有るとゆう義理して今回の御差圖に依れば、教理を違へず誠を主（旨）として布教する者の為に（は）好都合と奉存候　實に安神致（し）是迄となら猶一増（層）心を勇め盛んなる布教致し度且又世界又はいづれの反對たるとも一方（歩）も恐れず

裏に廻り充分御助け致す心算（に）御座候（明治二十九年五月二十三日付）」と、大節に処する決意を報じている。（括弧内は編者の註）

以上、秘密訓令の布教者たちに及ぼした影響の一端を述べてきたが、単に一方的な見方に偏することなく、更にこれが信仰の選別となって一段と成人を促した面を仔細に検討し、正しい判断を下すことが肝要である。（595―596頁）

『天理教髙安大教会史』では、取り締まりの要点とお伺いした「おさしづ」を、次のように記している。

右の如く随分峻酷を極めたものである。無論多くの布教師の中には、如何《いかが》はしいものもあったに相違ない。けれども多くの布教師は驀然《ばくぜん》として教祖の道を眞向に振りかざして、世間の事情を顧みず、一意助け一條の道に猛進したのが抑々誤解を招致した原因となったのである。即ち内務省が訓令を發して取締らんとする要點は、

一、男女の席を區別せずして参拝せしむる事

一、御神水を頂かしむる事

一、おさづけに托して醫藥を用ひざらしむる事

一、寄附金取締の事

などがその重なるものであったが、別けても男女の席を區別せずして參拝せしむる如きは、啻《ただ》に本教ばかりではなく、寺院、其の他の教會も何等かはりないのであるが、それを本教にばかり、やかましく取締らうとしたので、いはゞ不公平の處置といはねばならない。尚其の上に、儀式上の事に關しても、本局を通じて高壓的に強制する處があった。若し聽き入れずんば最後の手段として『解散』をほのめかしたのであるから、教會本部に於ても涙を揮《ふる》ってその運びをせねば、部内教會並に一般布教師の取締が出来ないのみか、本教の死活問題に關する重大事件であるので、それについて取あへず四月二十一日神様にお伺ひすると、

さあ／＼、いかな事もいふてくる／＼、皆これ迄十分はなし傳へてある、どんな事、しようとおもふてなるやない、今一時、尋ねる處、どういふ事もある／＼、尋ぬる處、どんな事もすっきりとりしらべさす、とりしらべさすといへば、おかしいおもふやらう、地方廳や願ふ／＼、却下や／＼、どうしてもならん、時々の處にてはどうもならん、皆すっきりよせてしまふ／＼、尋ねにやならうまい、（以下略）」　（203—204頁）

さて又、この訓令前に、東京の中央新聞を始め萬朝（報）、二六（新報）其他の各新聞はあらゆる悪筆を弄し、數ケ月に亘って本教に對し思ひ切って罵詈讒謗を浴せかけ

たのである。乃ち一方内部では、信仰の絶對たる神名をさへ改稱せねばならぬ場合となり、又一方外部からはかくの如く新聞が悪事を連載して攻撃の火の手を上げるといふ、本教は正に此の時一つの大節たる難關に遭遇したのである。この大節が本教全體に及ぼした影響は蓋し非常なるものがあったが、我が高安分教會にも延いて深甚なる大打撃を與へたのであった。然し、何事も神の攝理と感念し、苦勞を樂として通る道の教信徒は、驚くばかり虚心坦懐で進むべき道を進んだのである。

（207―208頁。註―括弧内は筆者、漢字のルビをはぶいた）

他の教会史にもまだまだこうした記述がたくさんみられる。

四、一派独立へのご苦労

一刻も早く神道本局から独立すべく、本教は明治三十二年、おさしづを伺い、八月九日内務大臣に請願書を提出した。

それから明治四十一年十一月二十七日、独立の許可書を得るまで、四回にわたり請願書を取り下げるなど、惨たんたる苦難の道があった。

初代真柱様は、その間、あらゆる屈辱にも耐えに耐えられ、つねに先頭に立って、一派独立のため、心身を捧げ、尽瘁された。その間のご苦労は、『眞之亮伝』に詳しく述べている。

初代真柱様と共に独立運動に走り廻られた松村吉太郎先生の記録にも詳細に述べられていて、涙なしには読むことはできない。あまりにも理不尽で不当な扱いについて松村先生は、ついふと、
思いに浮かんでくるのは、独立請願に無理解な妨害をする人びとの顔である。その言動である。

いつか見たことのある横浜の金丸銃砲店がちらっと印象に蘇《よみがえ》る。

——そこでピストルを買う。そしてこの天業を妨害する面々を射殺して、俺も自殺する。

こんな空想が影のように胸をかすめ去った。（註14）

思うこととすることとは違う。実際にそんなことをなされるなど絶対にない。

だが、そういう思いがふと頭をかすめるほど、理不尽で悪質きわまるいやがらせや妨害

を受けられたということである。

肝心の会長が東京へ行ったきりの高安の教会は荒れはてていた。教会に住む人びとも、寒さと飢えに苦しんでいた。早く独立の許可を得て教会を生きかえさねばならない。だが、いくら努力しても、理不尽な妨害のため、独立の許可は出ない。その断腸の思いを、誰もわかってもらえない。こうして切ぱつまったとき、自殺さえ頭に浮かんだのであろう。

初代真柱様も、松村先生以上に断腸の思いの毎日であった。それが、松村先生にはよくわかっていた。山中彦七先生も「この独立の為めには松村幹事が最も御盡力下されたのでありますが、十年間の長い年月管長公が御忍耐下された事は実に通常の人間には出来る事ではありません。誠に恐入った次第で御座います」（註15）と言っている。

初代真柱様が、残された歌――絶筆となったが――は次の二首である。

　堪へしのびしのぶこゝろのひろければ
　　よろづの事もこれよりぞなる

堪へしのぶこゝろぞおのが寶なる
しのべよや人わするゝな人

まさに、初代真柱様のご生涯は「罵詈讒謗厭制、迫害交々」の中を堪えに堪えて道をお守り育ててくだされたご生涯であった。

「わか〳〵しい一葉の道を今日の偉大になしあげ給ふた道のすがらは幾重疊々たる涙と血とを以て彩られたる奮闘血戦の御生涯であった」（註16）

松村先生の思い出をもう少し引用すると、

ほとんど、おぢばに留《とど》まることがなかった。ただ真柱様に会って用向きの連絡が終わると、その足で上京していた。

今は宗教局の沙汰を待つばかりである。五月に上京して、三河台町を引き払い、芝区神明町の貸家に移った。

便りを待つ身にとっては、一日一日が長かった。「舟港《ふねみなと》に着く」その吉報を真柱様に送りたい、一日も早く送りたい、そして本部の人びとにも「松村、とうとうやりおった」といわしたい。三十八年の初めころから、すでに私の活動に見かぎりをつけて、本部からは資金を出してくれないようになっていた。「金がない」という理由だ。そういえば、年末の支払いに困ってある方面から借金をした事情も知っている私は、それを強く押せなかった。

「兵糧《ひょうろう》攻《ぜ》めにするつもりだな」と悟った。

この事情を知るや知らずや、真柱様も何ともいわぬ。知らぬはずはなかろう。しかし、本部の人びとと私との中間に立つ真柱様の苦衷《くちゅう》も私には推察できた。

「俺一人を苦しめるくらいなら、いくらでも攻めてみよ。どんな苦しみも受けてみせる。しかし、真柱までも苦境に陥《おとしい》れるとは以《もっ》ての外だ……」

自《みずか》ら憤《いきどお》りを禁じ得なかった。ある日、それを押えかねて、「私、もうこの仕事をご免こうむります」といった。

「そりゃ何事か。おまえは初めから独立に命を投げていたはずではないか。死んでこい！　おまえ、一人は死なさん、俺も共に死ぬ……」

という真柱様の眼には涙が光っていた。私は返す言葉がなかった。泣きながら座を立って、上京した。

三河台町の家では田渕が待っていた。彼は私のために、晩酌《ばんしゃく》の一本を用意してくれていた。

「田渕、真柱は人を殺す……」

といった。彼は突然の言葉に驚いていた。

「殺すとは聞き苦しいですね……」

「いや、たしかに人を殺す。考えてみろ、独立はすすまぬ。志を立ててもう八年だ。俺は今度という今度は投げ出すつもりでいた。再び東京へは帰るまいとさえ思った。……ところが真柱は、死んでこいといった。おまえ一人を死なさん、俺も死ぬとおっしゃった。その大盤石《だいばんじゃく》の決意に動かされて、俺はまた出て来た……真柱は人を殺す、俺は喜んで殺される……」（註17）

一派独立のため苦心を重ねているその最中に、追打ちをかけるように「天理教禁止解散請願書」が衆議院に提出された。

さらに一派独立後、第二十五議会が終りに近づいていた明治四十二年三月二十四日、「天理教独立公認取消請願」が提出され、その日の請願委員会を満場一致で通過した。

請願の理由は極めて簡単である。

……天理教は淫祠邪教だ。これを公認してはびこらすことは、國家の安寧秩序を破壊するものである、というようなことであった。しかし、委員会で一言も弁解する機会を与えられず採択されたところに、先の禁止解散請願とは、まるきり事件の性格が違っていた。

つづいて本会議に持ち出された。

幸いなことに、貴族院では審議未了となり、解散をまぬがれた。

明治も終ろうとしている時である。

なぜ一派独立が困難をきわめたのか、その理由の一つはそれは本教の教勢が他の教派神道各派と比較して群を抜いて大きく〝世評〟すなわち、世論—仏教を中心とする—が教勢の拡大に嫉妬し警戒していたからである。その証拠に、他の新しい宗派に対しては全くしていないが、本教に対してだけ、独立公認取消し請願が衆議院に提出されているのである。それは政府も仏教も本教を最も恐れ、何とか独立させまいと必死の妨害を行ったからだと考えられる。

先にも記したことだが、渡邊霞亭の『天理教側面観』に紹介されている一派独立当時の斯波宗務局長の、「既に十年以前に其の独立を見る可き筈なりしも常時世評之を許さゞるものあり……」という発言がもし正しければ、一派独立を妨害し、許さなかったのは天皇制国家や国家神道体制下の政府当局というよりも、それをさせまいとする〝世評〟が之を許さなかったということ、つまり世間の与論が政府の方針に反対し、本教の独立を妨害したということになる。この〝世評〟、つまり与論あるいは世論形式の中心となっていたのが、檀家を奪われたと怒り狂う仏教勢力とそれに同調した多くの人たちであったことは明らかである。

金光教が明治三十二年に申請後、わずか一年くらいで早々と大した妨害もなく一派独立を果たしたのに較べ、本教は申請後十年近くかかり、その間何回も請願が無視されたり門前払いになり、その間、独立運動に取り組まれた先人、先輩の諸先生は筆舌に尽くしがたい苦労をされた。

本教の一派独立がこのように苦難を極めたもう一つの理由は、教義書や教団の諸規則の不備や設備の未整備などもあるが、やはり何と言ってもその教えが神道の教えとは全く別の、独自で斬新なものであったからである。だめの教えだったからである。

『天理教綱要』の中で、この点について先人は次のように言っている。

> その神道十三派のうち最も新しく生まれて、信者の質と量とに於ても最も旺《さかん》なのはわが天理教であります。が爰《ここ》に一言費しておきたいことは、現在でこそわが天理教は我が國の宗教界において置き場所がないために神道派のなかに入れられてありますが、

十三派のうち他の十二派とは全然その成り立ちも信仰内容も悉《ことごと》く違ふのでありまして、親様の眞意は至って自由な神道臭なんかの微塵もない新しい宗教なのであります。

（註18、ルビは筆者）

ちなみに、昭和元年末の信徒概数が出ているが、それによると、金光教は六一九、七一八人。天理教は四、一〇七、九八〇人で、金光教の約七倍。教会数は大正十三年で金光教七六九。天理教は五、八六九。約八倍となっている。

（前掲書8頁）

ごく短い間に巨大な勢力となった本教への警戒心はもちろんのこと、当時の「女性蔑視」が、一派独立の障害となったことも考えられよう。

シャカもイエスもムハンマドも、仏教の開祖も高僧も宗教の教祖も指導者はすべて男性である。それなのに、大和の農家の一婦人が始めた教えだという偏見と蔑視が、宗教界や役人、官僚、知識人たちに、初めから淫祠邪教として受けとめられ、正当な評価は到底、望めなかった。

その上、おつとめや布教伝道において女性が男性と対等の役割を演じるということは、従来の宗教界には全く見られない、古い伝統と常識を破るものであった。伝統的宗教が徹頭徹尾男尊女卑であったし、今日でもそうである。その中で、男性と女性が平等に最も重要な宗教儀礼―おつとめ―に参加するのを見て、宗教界はもちろん、世間全体がショックを受けると共に、教えを誤解し、偏見をもち〝男女混淆〟の低俗な邪教と見なしたことが、独立運動の大きな障害となったのである。

それに、世界だすけのために貧のどん底に落ちきられた教祖のひながたにならい、それに少しでも近づこうと、家・財産を処分して、先人たちはたすけ一条の道に入られた。こうした先人たちの、世俗の欲を捨てきり、教祖のひながたの道を少しでも通ろうとした姿を人びとは誤解し、本教は家・財産を失わせる教えだと非難し中傷した。それも迫害を受ける大きな要因となったのである。

家・財産を捨てて道一条になるというのは、その昔、シャカが王城を脱け出て出家するのと同じ自己を捨てきるという尊い行いであり、誰にもできることではない。まして本教では、仏教とちがい家族連れの〝出家〟である。私欲・物欲一切を捨て切って無一文になり、家族とともに人だすけに捧げきるという、道一条になった先人、先輩の行いは正しく崇高な宗教的な絶対的献身の行いであった。しかし、世間の人びとはそう考えず、だまして、財産を捲き上げる邪教と誤解し、既成宗教家は、そうした本教の信仰者の徹底した信心と行いに驚愕し、危機を感じた。全国規模で、官民あげての大々的な非難、中傷、攻撃に狂奔する。

また、教えの斬新さ、崇高さが人びとの心をとらえ、信仰者・布教者の熱心な布教活動によってあまりにも急速に巨大な勢力になったことへの警戒心と恐怖心が過剰反応となったと言えよう。

日本近代史上他に類をみないきびしい宗教迫害を受けた明治期の本教の先人たちは、しかし教祖のご苦労をしのび、そのひながたをたどるべく、苦しみを苦しみと思わず、笑われそしられながら、布教伝道に励み、明治・大正・昭和中期までの日本の最も有力な教団を作り上げたのである。

そして、その信仰の真摯さ熱心さは言うに及ばず、「なるほどの人」「里の仙人」としての高いレベルの倫理性によって多くの人びとに感化を及ぼした。教祖に学ぶ何百万の信仰者の誠実で正直で謙虚で勤勉な生きかたが社会の各方面に与えた貢献は計り知れない。

明治、大正、昭和と本教の教信者が社会のモラルを向上させ、産業や経済の発展に貢献した本教の信仰者の大きさを、不思議なことに殆どの日本近代史の研究者は無視している。人口の一割の信者が誠真実に生きて、その周辺の人びとや社会に何の影響も及ぼさず、何の貢献もしなかったなど全く考えられないからである。それを全く無視してきたのは、新しい宗教に対する根強い偏見と誤解に基づくという理由からに他ならない。

五、官僚も迫害者

本教を迫害したのは、天皇制国家とか、国家神道という政治的な圧力だけではなかったことはすでに述べた通りである。檀家を取られると危機感をつのらせた他宗の嫉妬と共に、迫害に大いに権力をふるったのは、信仰や宗教に理解のない、というより西欧かぶれした官僚たちであったのである。

巨大な西欧の機械文明に圧倒された明治の指導者は、攘夷主義を捨てて西欧化を目ざした。彼らは、日本の古来の信仰はもちろん、庶民に信奉されている新しい宗教を、頭から無教養な愚民が信じる迷信、俗信さらには淫祠邪教だと蔑視し、それらをきびしく取り締り、できれば消滅させようと図ったのである。

本教も、こうした明治政府の西欧心酔者の官僚たちに散々苦しめられることになった。

明治政府の官僚の宗教蔑視は江戸時代にまでさかのぼる。

徳川時代の支配者が用いた儒教は、孔子の〝怪力乱神を語らず〟という言葉のように本質的には、倫理的な原理であり、奇跡や神秘など超合理的な聖なるものを本質とする宗教とは異質のものであった。為政者たちは、孔子の言う〝怪力乱神〟と軽蔑する信心にすがる庶民を、無知な愚民とあなどり、宗教を低俗な迷信や俗信として蔑視した。（註19）

明治に入っても、この為政者たちの考えは変らなかった。彼等は、キリスト教に敬意を表しても、日本古来の伝統的宗教に対しては頭から低俗なものと蔑視していた。まして、新しく民衆の中から生まれた信仰に対しては、頭から低俗な俗信ときめてかかっていた。

明治新政府がヨーロッパ諸国にならって、近代国家として、西欧諸国並の法体系の確立に懸命の努力を重ねたが、法体系だけでなく全ての面で明治の指導者たちは、西欧諸国をモデルとして近代化を急いだことは先に述べた。そうした指導者たちは西欧におけるキリスト教の影響力に圧倒され、それに較べ、日本古来の神道や仏教は、愚民が信仰している低俗なものと考えていた。

葦津珍彦氏は「明治以来の政府は、徹底して西欧的合理科学主義を第一精神とした。憲法で信教自由を保障して、宗教としては、仏教、キリスト教、伝統由緒ある教派神道等の自由を公認したが、もともと合理科学主義を第一義とする政府は、非科学的な宗教を好まない。それで歴史伝統の根のない『宗教的予言』とか『宗教による吉凶禍福の祈り』『病気治療』とかいふことは、科学思想を妨げる邪教迷信として禁圧するのが当然だとの法思想が有力であった」と言っている。

さらに、「大正昭和時代の自由思想法学者として、もっとも多数の国家高等官を教育した美濃部博士などは、こと宗教に関するかぎりは、非合理的迷信邪教の禁圧は、安寧秩序維持のための文明国家当然の行政と信じてゐた」「そのやうな法思想によって、当時は『警察犯処罰令』といふ法令があって、官憲によって『非科学的迷信』と判断される宗教活動は、片はし検挙された。新宗教が抬頭し得なかったのは、そのためなのである」「その社会現象を戦後になっては『国家神道』の宗教圧迫と称してゐるが、それは思想の論理がちがふのであって『科学合理主義による神秘的新宗教圧迫』なのである」と言っている。（註20）

このように、葦津珍彦氏は、科学的啓蒙合理主義者たちが、非合理的で神秘的な新しい宗教活動を全て淫祠、邪教として、教団組織ができる前に片っ端からつぶしたことを指摘している。

本教もその例にもれず、こうした科学的合理主義を最善とする、行政官や法律家からは低俗や拝み祈禱の宗教と同じ扱いを受けて、彼らのきびしい批判と統制の嵐にさらされてきたのである。

さらに葦津氏は、美濃部氏の宗教統制の論理は戦後も引続いて受け継がれているとして、信教の自由に関する以下のような美濃部説を紹介している。

新憲法の下に於いても、宗教の仮面を装ひ其実人心を蠱惑《こわく》し公安を紊乱《びんらん》する荒唐無稽の邪説を拡布する者が有った場合に、国家は之を制止するを得ず、如何に安寧秩序を妨げ如何に臣民の義務に背くとしても、尚之を自由に放任せねばならぬものと解してはならぬ。憲法の保障して居るのは唯真の宗教に付いてのみで、偽似宗教は其中に含まるるものではなく、国家の権力を以て之を禁絶することは固より許さるる所でなければならぬ。唯真の宗教と偽似宗教との限界は、之を判別すること困難であるが、従来宗教として世界に公認されて居るものの外に、自ら超自然的な神意の表現として標榜し、公衆の信仰を強ひんとするが如きは、概ね偽似宗教を以て目すべきものであり、其の限界は一に健全なる常識の判断に待つの外ない。（註21）

これを見ると美濃部氏は、真の宗教に対しては憲法は信教の自由を保障しているが、偽似宗教に対しては国家権力で禁絶すべしと言う。そして、真の宗教と偽の宗教の区別はむつかしいとしながらも、〝超自然的な神意の表現として標榜〟するものと〝公衆の信仰を強ひ〟るものは偽似宗教だとする。しかし、美濃部が否定的に見ているこの二つの要素は、どの宗教も宗教である以上不可欠のものとして備えているものである。すなわち超自然的な神の意志を教え、人びとに、それに対する信仰を伝えることはどの宗教もしていることである。むしろ超自然的なものを教えず、布教伝道しないものは真の宗教ではない。しかし残念ながら近代日本において、この美濃部説で教育を受け、誤った宗教観をもつ反宗教的ないし無宗教の日本の内務官僚や司法官僚や文部官僚が、新しい宗教を蔑視し、すきあれば統制したり禁圧しようとした。

それが、本教も含め多くの新宗教を苦しめた犯人であるとする葦津氏や坂本氏の主張には一理があると言えよう。

坂本是丸氏は、さらに明治以後の宗教迫害の主体は「国家神道」という抽象的なものであるよりも、むしろ実体法である刑法の不敬罪や治安維持法、宗教団体法であり新興宗教を取り締まったのが警察犯処罰令であるという。

……信仰迫害の例としてよく引用される皇道大本や天理教などに対する弾圧の根拠となった法規は、国家神道とは直接関係のない刑法の不敬罪や、治安維持法・宗教団体法などであったこともきちんと押えておくべきであろう（もちろん、戦時下で政府によって神社参拝が広く奨励されたという立法者意図をやや逸脱した変則的現象もあったし、苛酷な宗教弾圧には痛切に反省しなければならない点があるけれども、国家神道に関する事実は事実として正確に認識しておかねばなるまい）。（註22）

坂本是丸氏はこのように述べ、明治以後の宗教、とくに新宗教迫害の犯人は、

国民の信教の自由を侵害し、圧迫しようとしたのはまさにこうした真宗教団の「真俗二諦論・王法仏法論」（仏法に仕えることが、そのまま天皇に仕えることであるという考え）と、美濃部達吉博士に代表される非宗教合理主義「邪教退治」の近代憲法学説であり、不敬罪の拡大解釈説でなかったのか。戦前において博士の教えを受けた内務官僚や司法官僚が不敬罪、治安維持法を武器としてなんら良心の呵責なしに「邪教」や「主義者」の取り締まりに邁進したのは当然の帰結であろう。そしてこの官僚たちの「邪教退治」や「神社崇敬」の強制を勇気づけたのが真宗教団であった。（註23）

と言っている。

この坂本氏の指摘は注目に価する。従来の研究者が見逃してきた点である。

六、応法の苦渋と抵抗

明治二十年代の教勢拡大に伴って全国的に荒れ狂った天理教撲滅運動、そのピークとしての明治二十九年の内務省の訓令、一派独立への官民・朝野あげての反対と妨害、そのあげくの明治四十二年の衆議院における天理教独立公認取消しの請願書の採択、こうした徹底した本教への中傷・攻撃・迫害・弾圧の中を、初代真柱様は自ら何とか信仰の燈を消すまいと耐えに耐えて、教団を存続するためあらゆる努力をなされたのである。

教祖の御教え通りのおつとめができない、また御教えをそのままでは説けないという苦しみにも耐えねばならなかった。しかし、いずれは時が来て、御教え通りの道が歩めることを夢見て、ただひたすら応法の道を耐えつつ通られたのである。

内務省宗務局から政府の思いに沿った教典を求められ、神名変更を迫ってきた時も、初代真柱様のご苦悩について、松村吉太郎先生は自分との会話を生々しく記している。

「そうや。これから峠にかかるのやろう。そのつもりで、やってくれ……」

神名変更の件

さあ〳〵今の処、まあこれ一寸道理より諭せば黒札《くろふだ》同様。黒札というようなもの。何も言う事無い。明るい日がある。

……皆々心一つに成ってくれにゃならん。内らは尚《なお》も心を定め。……同じ心一つ内らにどうこうありてはならん。道に曇りありては、救《たす》ける事出来ん。

「この黒札とおっしゃっていますが、皆様は、どう悟ってくだされたのですか?」

「黒板《こくばん》同様ということに悟った。場合によって何とでも書いておけばよい、何時でもまた書きかきかえられる、こういうことやろう」

「皆さん、それで十分の得心をしてくれましたか」

「神様も、内々の心を一つにせいといわれる、皆その精神になってくれた」

「しかし、応法《おうぼう》とはいいながら、ずいぶん変えてきました……」

というと私の胸が詰まった。

明治二十九年には、おつとめを改め、天理王命を、天理大神と改めた。

今度もまた、神名を改めた。

もうこれ以上、あってはならんし、させてもならないが、問題に「みかぐら歌」が残っている。「御供」の問題がなお、くすぶっている。一体、どこまでゆくのであろうか。

暗澹《あんたん》としてくると、涙が自ずからあふれた。眞柱様も泣いていた。

「松村、二人でしたことや。命かけても復《もと》にする日がなくてはならん。神様に申し訳ない。教祖様に申し訳ない……」

「今はしかたありませんが、復元の志は一日も忘れません」

「松村、神様へおわびにいこう……」

泣きながら二人で神前に額ずいた。そして、復元《ふくげん》の志《こころざし》をお誓い申し上げた。

（註24）

表向きは、確かに明治教典を信仰している体裁をとりながら、その裏ではそれを棚上げするという二重構造的信仰が行われた。それは生き残る上での止むを得ない選択であった。全面的に政府の干渉・圧力に屈し、迎合したのではなかった。潰されないために、一応そういう姿勢をとりながら実は、原典や泥海古記（元初りのお話や元の理）に忠実に信仰をつづけたのが先人たちであった。

表向きは政府の圧力に屈したように見えるが、その実は、それは方便であった。その証拠に一、二の例を挙げてみる。

教会本部で対外折衝役などを務めていた橋本清が辞職願を出し、背教者となって本教攻撃の文書を出版したのは、明治三十二年のことである。その中で彼は、天理教は、神道本局に所属する神道の教団という体裁をしながら、しかし実は、国民の歴史の正典である古事記・日本書紀を無視しているのはけしからんと非難しているのである。つまり彼が本教を離れて背教者となり、本教を非難中傷した動機は他にもあろうが、しかし彼が批判している点とは、本教は一応神道の形をとりながら、肝心の神道の聖典である記・紀を無視しているということである。神道本局に所属はしていても、神道でなくあくまで、教祖の教えに忠実であるということを非難しているのである。このように、当時、止むを得ずしなければならなかった二重構造的信仰を批判しているのである。つまり迫害干渉の激しい中でも教えの本質を貫くべく先人たちはいろいろと苦心を重ねられた。

明治三十九年十二月に中山新治郎編兼発行として、『御神楽歌述義　全』という本が出ている。

当時、本教はまだ神道本局に所属していた神道系の教会となっていた。神道は言うまでもなく、日本という国土に自然に生まれ、展開してきた信仰である。従って当然のことながら、超越的絶対神の信仰はないし、また、神の啓示から始まった教えでもない。啓示から始まった啓示宗教としての本教は、自然発生的に生まれた神道とは本質的に相いれない異質性をもっている。
本教は、親神天理王命の啓示（顕現）から始まった教えであるが、神道本局所属の教会としては公にそれを説けないはずであった。
ところが、この本の中で初代真柱様は、
「御神楽歌全部ハ教祖ノ言ニ係ルト雖モ本是天啓ニ出デ、一言一句モ神意ニ合ハザルモノナケレバ……」（3頁）
と、はっきり教祖のお言葉は、天啓すなわち啓示の言葉であると述べられている。
さらに、
このたびはかみがおもてへあらハれて
なにかいさいをときゝかす
というご神言を次のように説明されている。
「このたびトハ教祖立教ノ初ヲ言フナリかみがおもてへあらはれてトハ人間救済ノ原動力タル神ガ教祖ヲ通ジテ天啓ノ教ヲ全世界人類ニ與へ給フヲ言フナリなにかゐさいをときかすトハ救済ニ関スル天啓ヲ言フナリ」（『御神楽歌述義　全』9頁）
とし、本教が啓示からはじまった教えであり、全人類の救済についての啓示の教えであると明言されている。

神道本局に所属している時代に出版された本の中で、このように初代真柱様は、本教が天啓の教え、すなわち啓示の教えであるという、教えの本質をはっきりと宣言されているのである。

その後も敗戦によってはじめて啓示宗教であることが大ぴらに説けるようになる前に、道の先人たちは、当局の目をぬすんで、いろんな本の中で、本教が、天啓の教え、すなわち啓示の宗教であることを述べている。（註25）

このように、表面は、明治教典に準拠した信仰をしているようで、実質は全くそれを棚上げし、教祖の御教えを信仰の基としていた。そしてそれは、敗戦の日までつづく。そうした二重構造は、知る人ぞ知るであり、批判者の多くの本教への非難中傷はその点に集中した。すでに明治二十年代から三十年代の仏教側から出ている中傷文書の中にも、この二重構造を批判しているのが多い。

明治二十八年に出た『佛教最近之敵　一名天理教の害毒』は、天理教は「神名の威徳を汚し畏くも我が皇祖先の御靈嚴を辱かしむる不忠不孝の極悪罪人なり」と決めつけ、十柱の神名の中に天照皇大神が入っておらず、皇祖の神体を無礼にも珍魚奇蛇の変化躰なりと侮蔑している。従って不敬だとする。また「天皇陛下に對し奉りて不忠の極悪人」であり「乱臣賊子」だとも非難している。

このように中傷文書の筆者はこぞって、天理教は不敬罪を犯し不忠義ものだと攻撃している。

明治二十九年出版の月輪望天子著『天理教退治策』の中でも、十柱の神名の、大食天命（帝釈天命）と雲読命の「二神名は我邦の神典古記になく」とし、神の正体を珍魚奇蛇の變化としているのは皇祖神を冒涜し、不敬の罪を犯していると非難している。

明治三十年に出た『浄波璃にて見たる天理教』でも、天理教は表面の体裁上皇祖であり国祖である十柱の神名をもてあそび、布教の看板に使用して世を瞞《あざむ》いているとか、神道教規などを擔ぎ出して惟神の大道を明にするとか、皇室の尊厳を擁護するなどよいことづくめの体裁を粧って、神道管長稲葉子爵に泣きついて神道の一派となったが、それこそ世を瞞《あざむ》く姿であると批判している。

本教が、神道であって神道でない、神道の衣を着ているが実体はそうでないことを、明治の二十年代から早くも批判され攻撃されているのである。

こうした批判は昭和二十年の敗戦の日まで続く。例えば、時代は下るが昭和十六年の衆議院の決算委員会で、今井議員は次のように当局に告発している。

此ノ松村吉太郎の女婿である人が天理教教典要義と云ふものを発行して居る、其の要義に天理教典は表面天理教の教典であるけれども、是は本當の教義じゃないのだ、本當の教義は泥海古記、御筆先、御神楽等にあって、是は文部省や社会に対する表面の道具に過ぎないと云ふことをはっきり言って居る。（註26）

この今井議員の衆議院での質問をみると、昭和十六年、すなわち革新を強要された昭和十三年の三年後でも、本教の信者は政府が押しつけたものを無視していたことがわかる。それを知って、反天理教勢力は、撲滅運動を執拗に行い、政府に本教の取り潰しを迫る口実にしているのである。

松村吉太郎先生は、初代真柱様の意を受けて、一派独立運動に奔走された方であり、当時の成人に応じた姿形として『明治教典』の編纂を推進された責任者の一人である。それが故に松村先生は生涯、対政府向けと対親神様・教祖向けという二重構造に耐えつつ、一日も早い復元を待ち望まれていた。今井議員はこの二重構造を批判しているのである。

この二重構造について、天理大学名誉教授だった中島秀夫氏は次のように述べている。

すなわち、敗戦後、全くスムーズに手ぎわよく、数年のうちに復元の歩みが行われた。その理由は、表向きの教義体系（応法としての）と並んで、もう一つの教義体系（原典に基づく）があったからであった。本教の信仰者は明治教典とは別に、「おさしづ」と別席のお話を信仰の糧としていたのであり、敗戦と共に前者が自然に姿を消し、後者が表へ出てきたのである。（註27）

この二重構造を維持していくのは決して容易なことではなかった。本教の批判者、攻撃者はいとも簡単にそれを見抜き、それを口実に本教を〝不敬宗教教団〟であるとして敗戦のその日まで、本教を批判攻撃しつづけたのである。

こうした状況下にあっても、本教はさらなる教勢拡大を果たしたが、対外的には韓国市場を拡大してきた清国と、江華島事件などで勢力を押しつけてきた日本との国交が破綻し、衝突することになった。いわゆる日清戦争の勃発である。

日清戦争に関して、『眞之亮伝』では次のように述べている。

然るに、この年二十七年に入って、急激に悪化しつゝあった日清間の交渉は、夏になって遂に決裂し、遂に干戈《かんか》を交えるのやむなき事態に立ち到った。こう成って来ると、第一線に立つ兵士の精強も、さる事ながら、後方任務に服する軍夫にも亦、人材が必要である。そこで宗教的信念と人類愛に燃える天理教徒が、この任務に当ってくれるならば、真に申し分の無い望ましい事であるが、と、当局から非公式に懇望して来た。

眞之亮は、戦争はもとより好む処ではない。しかし、事こゝに到っては、第一線の兵士の心の支えともなり、又出動先の住民をも労わり、更に進んでは、たすけ一条の本旨を、海外に伝えるべき時旬の到来なりと思考し、この件に付、早速おさしづを仰いだ。すると、

明治二十七年七月二十六日　朝
日清間事件に付朝鮮国へ人夫五百人本部より出す願

さあ／＼尋ねる事情、さあどういう事始まる。どういう事聞くとも分からん。やれ怖わしや恐ろしや、分からん。何度の諭してある。事情はふでさきに写してある。(中略)今一時の道は、怖わき恐ろしい道を通らねばならん。未だ柔んわりと諭する。それより人夫一つの理を以て一つ防ごう一つ抑えよう、大概もう世上の処、要らざ

る事やなあ、一つには道のため果たしてみよう、聞いたる道が出来て来た。大概の理は諭したる。（中略）五月五日より始まると言うて、今見えるというも何年以来に伝えてある。多く話伝えて居る。一時早くの理に人夫と言えば一寸俺も／＼と言う。これも道で一寸には集まる。今一時集まり難くい。一日々々迫り来る事情お前もな／＼。一時の処は応法些かなる印までにして未だ／＼治まらん。どうでも治めてみせる。遠く所へ出越す。大いの心を働くと言う。難しい理を尋ねる。さしづの理を以て掛かれば一つの道明らかと言う。これまでの話の理に心を寄せ、一時一寸の理を運び、一度二度未だ是非々々の道があるで。それ／＼話詳しく伝えて、一時の道を通ってくれるよう。

というおさしづである。「一時一寸の理を運び」とて、快くお許しというには到らない。

そこで、二度まで押して伺うた。

さあ／＼これ／＼よう聞かにゃならん。一盛《ひとさか》り俺も／＼と言う。何でも無きものなれど、今日という日が来れば、一時の理に早いと言う。未だそれより些かなもののどんな事、談示もせにゃならん、さしづも貰わにゃならん、という。

又

さあ／＼押して尋ねる。話し掛けるである。皆揃うて尋ねば、連れて行かねばならん。確かなる理に及ぶやら、今一時の処は世上一つの理に持って、じいとして居るがよい。是非と言う、やれと言えば又一つ許さんでもない。とて、「許さんでもない。」というおさしづである。（181―184頁）

これを見ると、イエスともノーともおっしゃっていない。

〝許しおこう〟ともおっしゃっていない。

なかなか、お許しくださらない。

〝やれ怖わや恐ろしや〟〝怖わき恐ろしい道〟と、戦争を見ておられる。〝残念〟とも申されている。

すっきり、あっさり、はっきりとお許しくだされていない。〝お前たちに任せおこう〟ということである。

一万円の（軍資金）献上についても、『眞之亮伝』には次のように記されている。

明治二十七年七月二十七日

朝鮮事件に付軍資金として金一万円献上の願

さあ／＼事情を以て尋ねる処／＼、どんな事情もそれ／＼集まって、だんだん一日の日を以て協議とも言う、談示とも言う。されば事情にはよい事情と思うやろう。前々諭したる、些かな理と諭したる。一時の処は用いるがよかろう。

　押して

さあ／＼尋ねる処／＼、それはまあ皆んな揃うた理に委せ置く。どうしたさかいどうと言うやない。一寸には愛想とも言う。愛想より理は無い。これ一つ諭し置こう。

（185頁）

このように〝一万円の献上〟についても、積極的にお許しになっていない。〝一時の処〟止むをえないこととし、〝愛想〟として、すなわち世間のつき合い上止むをえないこととして、お前たちの判断に任せるといった思召である。続いて『眞之亮伝』では以下のように記されている。

……国を思い、道を思う、真実は十分お受け取り下されて居りながら、何となく、よう考えてみよ、という調子があるのは、日清戦役、出兵というような事件に関連して居る点に、一考の余地ありとされて居る点が伺われる。その根本は、親神様が一列人間の真実の親で坐《おわ》すから、一切の戦争、内乱は悉く思召の外にあり、世界の平和こそ、唯一最大の親の思いなるによる。

（186頁）

このおさしづの解釈通りである。

このおさしづを見ると、戦争に関わることを望まれない思召がよくわかるのである。

しかし人間の立場でどうしてもそれをしないわけにいかないなら、お前たちの判断に任せるという、親心が示されている。このおさしづについて、「あざやかなるお許しはないけれども、押しての願に対して『ぜひといふ、やれといへば、また一つ、ゆるさんでもない』と、ともかくお許しがあったので…」（註28）というお許し方なのである。親は子供がつき合いをしないなら、いじめられて苦しむなら、親がその苦しみを引き受けてやろう。子供が誠真実の心で願ってきているなら、止むをえず、その願いを聞いてやろうという親心である。

ここに可愛い人間を何とかたすけてやりたい一条の親心が見られる。応法の道もお許しくだされる、親心あふれる神である。

神の言うことを聞かないと罰し、滅すというセム系宗教の神とちがい、神が子供のほこり（誤ちや罪）を引受け、その成人を見守ってくださる、親なる神・待ってくださる神・育てくださるのが親神様である。

初代真柱様は、戦争の悲惨さは人一倍よくご存知であった。重病に倒れ、痛みにお苦しみになっていた時看護の人びとに、「戦争の惨憺たる光景を仰せられ『敵丸に当って斃れるものもあるだらう。負傷するものもあるだらう。幸に野戦病院に収容せられても、かくも手厚き看病は受け得られまい。或は助かるべきものでも、野戦病院の手に収容せられず、そのまゝ異郷の露と消え行くものもあるだらう。これを思へば、神様の御守護、教祖様の御恵みにより充分の看護を受け、寒さも知らずに寝てゐる事の出來るのは、非常の幸福である』と仰せられ……」（註29）と記している。

これをみても、戦いの悲惨さは十分にご存知であったが、それでもなお軍夫の募集や一万円の献金などを、本席様におさしづをお伺いしなければならなかったのが、当時の本教が置かれていたきびしく苛酷な現実であった。

（註1）『風塵抄』（産経新聞、平成六年八月一日号）。徳川時代のこうした異常ともいえる厳しい宗教統制の原因は、戦国時代にさかのぼる。戦国時代の武将織田信長は一向一揆など武装仏教徒のきびしい抵抗に手を焼き、豊臣秀吉、徳川家康、家光などはキリシタンの抵抗に手を焼いた。そのため、徳川幕府はキリシタンを禁じる

と共に宗教勢力の反乱や抵抗をなくすため徹底した宗教統制を行った。それがキリシタン狩りの名目で行った寺請制度や檀家制度であり、それを使って宗教を監視し、その活動を完全に統制した。明治に入って宗教への統制はかなり緩んだ。しかし、本教のように急に大きくなった新宗教への警戒と統制は相変わらずきびしかった。

（註2）『東洋人の思惟方法』中村元選集三、春秋社、昭和三十七年四月、276頁
（註3）「海外布教について」『第三回講習会講義録』天理教青年会、大正十年十月
（註4）『みちのとも』大正四年一月臨時増刊号、天理教道友社、72頁
（註5）李元範「近代日本天皇制国家と天理教団―その集団的自立性の形成過程をめぐって」（島薗進編著『何のための〈宗教〉か？　現代宗教の抑圧と自由』青弓社、一九九四年四月、34―36頁）
（註6）渡辺霞亭『天理教側面観』育文館、明治四十二年二月、146頁
（註7）『みちのとも』大正九年十一月号、天理教道友社
（註8）月輪望天著『佛教最近之敵　一名天理教之害毒』日東館書林、明治二十八年八月
（註9）伝道資料叢書第三号『みちすがら』天理教教義及史料集成部、昭和六年四月
（註10）『天理教綱要』昭和六年版、天理教道友社

（註11）『転換期の宗教』ＮＨＫブックス、日本出版協会、昭和四十一年五月、217頁

（註12）武田道生「天皇制国家体制における新宗教弾圧―新宗教淫祠邪教観をてがかりとして―」（孝本貢篇『論集日本仏教史第九巻』雄山閣出版、昭和六十三年六月に所収、227頁）

（註13）上村福太郎『わが心動かず―初代真柱・中山眞之亮様の御生涯』天理教道友社、昭和六十年六月、69頁

（註14）松村吉太郎『道の八十年』養徳社、平成二十一年四月改訂新版、216頁

（註15）『みちのとも』天理教道友社、大正四年一月臨時増刊号13頁

（註16）福田生「講習会の一日」『みちのとも』天理教道友社、大正四年一月臨時増刊号

（註17）松村吉太郎『道の八十年』養徳社、平成二十一年四月改訂新版、194―196頁

（註18）『天理教綱要』昭和五年版、天理教道友社、6―7頁

（註19）加地伸行『沈黙の宗欽―儒教』筑摩書房、一九九四年七月参照。加地教授は、儒教の本質は道徳性より宗教性にある。朱子学を経て倫理道徳や政治思想となったのは、言わば儒教のうわずみの部分でありその深層は宗教だとされる。

（註20）葦津珍彦『国家神道とは何だったのか』神社新報社、昭和六十二年六月、175―176頁

（註21）葦津珍彦『国家神道とは何だったのか』前掲書、221頁
（註22）坂本是丸「近代の皇室祭儀と国家神道」（『国家と宗教の間―政教分離の思想と現実』日本教文社、平成元年十一月、308頁）
（註23）坂本是丸「近代の皇室祭儀と国家神道」（『国家と宗教の間―政教分離の思想と現実―』前掲書、284頁）
（註24）松村吉太郎『道の八十年』養徳社、平成二十一年四月改訂新版、178―179頁
（註25）飯田照明「啓示宗教であることについて（二）」（『あらきとうりよう』一七二号参照）
（註26）風間益三編『天理教審判　附告訴状主文議会請願文―その教義と共産実行の解剖―』七人社、昭和十六年五月、107頁
（註27）中島秀夫「『復元』感覚の形成と動向―二つの教典のあいだで―」（『天理大学学報』第一五一輯、一九八六年）
（註28）『天理教南海大教會史　第一巻』404頁
（註29）小野靖彦「思ひ出の記」（『みちのとも』天理教道友社、大正四年一月臨時増刊号、49頁）

第二章　二代真柱様時代の節

二代真柱様が生涯をかけて尽瘁《じんすい》されたことは、初代真柱様の宿願を継承し、教祖が教えられたそのままの教えを信仰できるようにすることであった。それはとりも直さず、原典に教えられた通りの信仰ができるようにすることであった。

しかし、昭和十年代に入ると国の宗教統制がきびしくなり、原典に基づく教えを説くことは至難となった。原典には、明治政府が強力に推進した天皇を神格化し、日本を神国とする国家主義や国粋主義に添わない教えが説かれているため、長らく表に出せず、表に出そうとすると、その内容について干渉と統制を受け、さらにはきびしい非難と攻撃にさらされた。本教の基本教義に対する批判攻撃は、教団そのものの制圧・撲滅・破壊につながる恐れがあった。

そうした中で、教祖の御教えを何としてでも守り抜き、教えようとされた二代真柱様のご苦労は筆舌に尽くし難い。

二代真柱様がお若い時に書かれた「信仰と法律」という小論がある。

そこでは、明治二十年一月十三日（旧十二月二十日）の、神様の仰せと国の掟と、両方の道が立つように願われたおさしづを引用され、「この問答の中に言ひ知れぬ悲壮がひめられてゐるものと思ふ」、この神と人間との板ばさみの中をどう切り抜けるべきかという切端つまった深刻な事態での神と人間との問答をみるとき「誰か暗然たらざるものがあろうか」と述べている。（註1、4―5頁、11―12頁）

当時の人びとが、このように信仰と法律との板ばさみになり、教祖を信じ神の命に背く心は全くないが、しかし「峻烈にして威嚇的なお上よりの権力に対しては」その余波が必ず教祖の身に及ぶことを恐れ、神のせきこみ通りできない。「これ頭初に示した如き悲壮なヂレンマの悟ともなるのである」と述べている。

こうしたジレンマの解決として止むなくとられたのが、次のような便宜的方法である。

それは言うまでもなく、

一八六七年（慶応三）神祇管領吉田家より、天輪王明神祈禱祈念の許可を得（中山秀司）

一八七六年（明治九）堺縣より風呂屋兼宿屋業の許可を得（中山秀司）

一八八〇年（明治十三）金剛山地福寺出張所とし、天輪王如来とす（中山秀司）
一八八五年（明治十八）三輪大神教會の手続にて神道本局六等教會となる（中山新治郎）
一八八八年（明治二十一）東京府より神道直轄天理教會認可（中山新治郎）
などである。

こうして、何とかご高齢の教祖の御身にご迷惑が及ばぬよう、しかも、おぢばに帰ってくる信者に満足させる便宜的な方法がとられた。しかし教祖は決してこうした人間心による便法に満足されず、それをきびしく責問せられている。その対象は、

（一）伝統の力――村方を中心とする伝統社会からの攻撃――
（二）権力――警察権力や他宗教の嫉妬――の力との渦中に綾なしていたものである

とされている。（註1）

二代真柱様は早くから教祖ご在世中の、このような信仰と法律、宗教と政治の対立と矛盾の解決という極めて重要な難問に関心を持ち、その問題について深く考察され分析されている。この対立と矛盾を、今度はご自分が一身に背負われ苦悩されることになるのが、昭和十年代の軍国主義の時代である。

一、原典の公刊と回収

作家で中尊寺貫主であった今東光師は、次のように言っている。

「大正の頃、天理教が弾圧された。政府の方針としては天理教を潰滅《かいめつ》させたかったのかもしれない。何とか不敬罪に追いこんで一挙に叩き潰そうとしたらしい。しかしながら天理教はその手に乗らなかった。不敬罪に該当《がいとう》する罪状を犯していなかったのだ。この弾圧時代の信者は天晴《あっぱ》れ見事だった。彼等は聊《いささ》かも盲動《もうどう》しなかった」（註2）

今東光師はしかし、時代を間違えておられる。大正時代ではなく、治安維持法や不敬罪を作って宗教迫害を行ったのは昭和十年代のことである。

大正時代、日本には大正デモクラシーと言われる時代があった。政治の上でも思想信条の上でもかなり自由な時代があった。昭和の初めまではそうした自由はあった。二代真柱様は、初代真柱様の宿願であり、ご生前中には果たせなかった原典の公刊をこの時行われた。

昭和二年十一月、『おさしづ』の一巻・二巻を公刊され、昭和六年六月までに全三十三巻の公刊を成し遂げられた。

ついで昭和三年、これも初代真柱様の宿願であった『おふでさき』の公刊をなされた。これで、教祖がお教えくだされた教えがそのままの姿で教内に伝えられることになったのである。

昭和四年、天理教校の教科書として編纂された『天理教綱要』を見ると、この頃の事情を窺い知ることができる。基本教義書として、おふでさき・みかぐらうた・おさしづ・泥海古記（元初りのお話）の四つが挙げられているが、そこには一派独立運動の過程で作られた、いわゆる『明治教典』は全く無視されている。この頃まではまだ明治教典を無視できる自由があったのだ。しかしその翌年発行の昭和五年版には、明治教典がつけ加えられている。挙げざるを得なかったのであろう。

昭和八年、「総合学校地域原案」が作成され、布留川の南の広大な地域に学校や陸上競技場、野球場の建設が計画されていた。昭和九年一月一日の『天理時報』にその計画が発表されている。

しかし、宗教団体への統制が強まって、この天理学園構想は夢、幻の計画に終わってしまったのである。その壮大な計画を実現できなかった二代真柱様や先人、先輩の無念さが偲ばれるのである。

やがて満州事変、支那事変と、日本が中国大陸での戦火の泥沼に入って行き、だんだんと軍国主義化していくにつれて、再び思想の検閲、思想統制がきびしくなっていく。

昭和十一年の教祖五十年祭と同十二年の立教百年の両年祭記念に『おふでき』と『おさしづ』が各教会に下附されたが、三年後の昭和十四年にはその『おふでさき』と『おさしづ』を本部に回収せざるをえなくなる。

二、税務事件の嵐

昭和十年頃から、政府当局の干渉、統制がきびしくなっていく。そしていわゆる革新を強いられる。

昭和十年にいわゆる「天理教税務事件」が起こる。その当事者である諸井慶五郎先生は『茶の間の夜話』の中で、次のように述べておられる。

翌十年頃になると、軍部を中心に日本はファッショ化、思想統一といった、愚劣な考え方で、新宗教界に弾圧の手を伸ばし、この年先ず、京都府下の亀岡に本部のある

「大本」を叩き潰し、次で大阪府下の布施にある「人の道教団」(現PL教団)の神殿を取りこぼち、両教の幹部を獄に投じ、三番手として、天理教打倒の、大手入れとなってきた。

時は、昭和十年十二月十四日の早朝で、トラック数十台に分乗した、四百余名の警官が乗り込み、管長邸を始め、松村吉太郎、山沢為造、板倉槌三郎、中山為信氏等、幹部の諸家を捜索すると共に、当時庶務部長の職にあった私の処へも、七、八名が来て、午後三時過ぎまで、家の中のあらゆる所の大捜索で。私は当主として全部に立ち会ったが、一行李位のカサのある文書、その他を押収して引上げた。

(中　略)

表面、新聞に表われたこの事件の名目は、管長の所得税が七十五万円の高額となり、それを低減して貰うため、庶務次長の堀越儀郎君が、所得税調査委員達へ運動すると同時に、金品を贈った、という「天理教脱税事件」というにあったが、それを口実として、所謂非皇室的、非国家的だ、と右翼団体などが批判していた、天理教の本質を糾明しようとすることが、本当のねらいであった。

併しそうした無根の事実、況んや、税金を低減して貰う、脱税といった、事実を裏付ける証拠といったものは、どこの家からも出なかったので、朝日新聞社の提唱で、事件名を「税務事件」と、各紙とも改めることになった。

（中　略）

堀越君（庶務次長）は、大手入れに先立って拘引せられ、共犯としては、会計部長中山為信、庶務部長諸井慶五郎、会計部支出課長上田民夫の四名、中山氏以外の三名は、奈良の未決拘置所で、五十年祭を遥拝した。

（中　略）

私は在監中、何回か検事や、予審判事から鋭い追求をうけたが、その際、これ等法官達の洩らされたことに、「天理教は八百万の信者、一万余ケ所の教会を持つ、大教団だというが、国の権力を以ってすれば、一夜の中に潰すことができるぞ。今、天理教はひどくにらまれている。そなた（私）出所したら、本部の中堅幹部として、天理教の改革に努力せよ」と警告せられたことがある。

（中　略）

私が保釈によって出所したのは、五十年祭が済んで一週間ばかり経った、昭和十一年二月二十四日の夜であるが、二日後の二十六日、本部の月次祭を、一般信者の人達に交じって拝んでいるとき、例の二、二六事件が起って、内大臣とか、大蔵大臣その他多くの要人達が、暗殺せられるという、凶報を聞いて唖然とした。

それは、第一師団の兵隊が武装して、一般民衆には危害を加えなかったが、高級の役人や政、財界の要人を襲った事件で、特に陸軍の若い将校が中心となった騒動である。それ以来、滔々として日本にはファッショの嵐が吹きすさび、特に宗教に対し、仏教も、キリスト教も、神道その他の宗教も一つになり、伊勢の神宮と、皇室だけを中心とするよう、思想、信仰の統一といった、暴挙を敢えてするような傾向になった。

天理教に対しては、管長を文部省に呼び出し、お手ふりも、みかぐら歌も止め、天照大神を中心とする、祝詞《のりと》一本の教義に改めよ。という圧迫を加えてきた。

代理出席した中山為信氏は、これを聞いて、「止《や》めよと申されるなら、止めない訳にはいかんでしょうが、天理教八百万の信者で、学令に達した子供以上のものは、みなこのお手振りをいたします。若し、これを政府の命令で止《と》めましたなら、国内到る所で、どんな騒動が起きるか知れませんが、それに対しては、本部は責任を負いませんぞ」と開き直った。

政府は、全国民の思想統一を考えている。が、それに対して、天理教の信者が、昔の一揆の様に、思想統一といった暴挙に対し、生命を投げ出して反抗するぞ。との凄味を含めた抗弁である。これには、政府も考えさせられるところがあったと見え、そのときは一応、確定的のことはなされずに通った。

暫くして、みかぐら歌の中で、

よろづよ八首中の「かみがた」、「もと」という文字、同三下り目一ツ「よのもと」、九ツ「もとのかみ」、「十ドじつのかみ」、同五下り九ツ「もとのぢば」等を削除せよと迫ってきた。これらの文字が、伊勢神宮を中心とした、日本の思想に抵触するという理屈である。

この様にみかぐら歌の中の、文字を削ることなど、できることではない。本部では、慎重に練り合った結果、よろづよ八首、三下り、五下り全部を除き、みかぐら歌　十二下りは、みかぐらうた十章として、手踊りだけとし、二十年十月まで続けられた。と同時に、十一年の五十年祭記念として、全教会に交附してあった、お筆先全部を、本部へ回収するという非常手段を取った。（註3）

教祖が自ら手をとり教えてくださったみかぐらうたの一部が削除され、さらにまた公刊されたおふでさきが回収されたのである。二代真柱様はもちろん、先人先生方の無念さが推し量られる。

なお、この税務事件については、諸井、堀越両先生の下で渉外のご用に携わっていた東井三代次先生が、「税務事件の嵐」として『陽気』（平成元年二月—四月号）に生々しい体験を書いている。
さらにこの時、諸井慶五郎先生の甥にあたられる深谷忠政先生が奈良の未決拘置所におられる諸井先生に差し入れしようとして、警備の警官から殴り倒されたとか。今日では想像できないきびしい時代であった。当時を偲んで深谷先生が回想文を『あらきとうりよう』へ寄せている。

この事件は表向きには、天理教が神殿を造るといって税金をごまかしているということでしたが、実際はそうではなしに、おさしづとかおふでさきとか原典を隠しているからそれを押収せよということだったらしい。それで家宅捜索をやったんです。当時の本部員先生も何人か警察へご苦労くださいました。そのときに私は、本部員の先生方が着の身着のままで警察へ行っているので下着などを風呂敷に包んで持って行ってくれと言われ、そのままの格好で奈良の刑務所へ差し入れを持って行ったんです。

夕方に刑務所に登ってくる車の中をのぞくと本部員の先生が乗っておられましたので、風呂敷包みを渡そうとすると、警察官が二、三人出てきて私に近づいてくる。そして突然警官に殴られるわ蹴られるわ、その後はさんざんな目に遭いました。気がつくと刑務所の門の前で、足袋とか襦袢とかが散乱している中で私は倒れていました。そのときに思ったんです。「これはうっかりしていたら天理教がほんとうに潰される

かもしれない。われわれがしっかりしなきゃいかん」と。（註4）

三、革新の時代へ

税務事件の受難が続く中の昭和十一年、本教では教祖五十年祭が盛大に執行された。明けて昭和十二年十月の立教百年祭を勤め終えた翌年、文部省は国家非常時体制の強化を期して、全宗教団体に対して全面協力を要請してきた。いわゆる「革新の時代」への突入である。

革新の時の二代真柱様のご心痛、ご苦心については、その当時、身近に仕えておられた先生方の証言がある。少し長いが引用する。

喜多秀義先生は、

さて慣れぬ管長室の勤めも、年が明けて昭和十三年になり、戦争は次々に拡大していったが、同年七月十日に御母堂様がお出直しになり、その冬から、宗教の国家統制によって、宗教界に弾圧の嵐が吹きまくった。本教も例外ではなく、教義の制限を指示され、止むを得ず、革新委員会を置いて時局に対処されたが、私はその書記を命じられ、この間の管長様の御心痛、中山為信先生を始め委員の先生方の御苦心がひしひしと感ぜられ、特に弾圧が信仰の核心に迫って来た時の管長様の御心境を想う時、全く心も凍る想いであった。教祖五十年祭に真座が整い、お教え通りのかぐらづとめがつとめられた喜びも束の間のものとなってしまったが、その間管長様は正にひながた通り、耐え難きを耐え、黙々と戦中の道を歩まれた。戦後ある講習会で、初代真柱様が、教祖の思召は篤と胸にお納めになって居り乍らも、共々にお連れ通りになっている周囲の人々の心にもなり、神様の仰せと法律で定めるところと両立するようおさしづ頂きたいと願われたくだりの処へお話が及んだ時、目に涙され、お声を詰らされたことがあったが、戦時中の御苦労により、初代真柱様始め先輩の方々の御苦慮の程を身を以て感じられたことを想い起こされたのではなかろうか。何れにしてもこの頃の御信念と御態度こそ今後の難局に対処する私達に手本を示されたものと思う。折角配布されたおふでさき、みかぐらうた、おさしづ、更に先輩の方々の聞き書きや、その写しになる、「この世始まりの話」を全国の教会から回収し、漉き直したり、焼却せねばならなかった苦渋は今も忘れることの出来ない想い出である。（註5）

真柱様の秘書をされていた永尾廣海先生は、

　昭和二十三、四年の頃の事です。ある日、甚だぶしつけの失礼を省みず私は二代真柱様に、「真柱様、今日までに一番うれしいと思われた事は何ですか」とお伺い致しました。すると、即座に「おふでさきを刊行させてもろた事や」と仰言いました。そして私は直ぐに、「それでは、今迄に一番ざんねんに思われてならない事は何でございますか」とお伺いいたしましたら、直ぐに「昭和革新をやらねばならなかった事や」とお言葉がありました。御信念が私の胴身にしみこみました。全く肝に銘じて生涯忘れません。　（註6）

と言っている。

　教祖の御教え通り信仰できず、教えを表へ出せない苦しみは、信仰心が強く篤ければそれだけ耐えがたい苦しみとなって迫ってくる。

　上田嘉成先生が、その教義を守る立場である教義及史料集成部主任になられた時、お母様に、「警察へ連れていかれるという親不孝をすることになるのをお許し下さい」と言われ、やがて、

　昭和十三年、私に赤紙が来た。この旨を申し上げにゆくと、「お前の書いた教祖伝は御文庫へ入れさせて頂いた」と仰せ頂いて、私は、心残りなく応召した。

戦地へ着いて私は、ホッとした。弾があたれば、戦死すればよい。これ程楽なことはない。教義で問題が起れば、全教の人が苦労する。切腹ぐらいでは相すまぬ、というのが、私の心の中であった。（註7）

と述懐している。

赤紙（召集令状）が来て軍隊に入ることは、戦死を覚悟することで、誰も喜んで赤紙を受取る者はない。

しかし上田先生は、〝ホッとした〟と言っている。弾に当って死んだ方が、教祖の御教えをそのまま伝えられないことのつらさ、申し訳なさと比べればはるかに有難いことだ、楽なことだというのである。それほど当時の人びとは政府との対応に苦悩し、身をさかれる思いで、政府の干渉迫害を受けとめられたのである。

上田先生は、またその頃の二代真柱様の胸中を次のように述べている。

二代真柱様の人一倍負けずぎらいの御性格というよりは、親神様・教祖に対する真柱としての責任観念から、戦時の原典回収や、原典削除は、余人の想像をはるかに越えてきつくこたえたようであるが……。（註8）

四、軍国主義の高まり

本教の歴史において、教祖のご在世中を除き政府当局による教団への迫害がピークに達したのは、明治二十九年の秘密訓令によるものと、昭和十三年に革新を強制された時である。

昭和期の迫害の主役は、軍国主義体制の確立を急ぐ政府当局であるが、その背景には、昭和三年の世界大不況に伴う、経済的困窮と不況の解決を海外進出で解決しようとする軍部や民間人の動きがあった。政府・軍・右翼団体は互いに刺激し合い、相乗効果を生み出しつつ多くの新宗教を迫害したり破壊した。当時の言論界やマスコミもそれを煽った。

日本に急速に軍国主義的風潮が高まって行く。その原因はいろいろあるが、人口の増加と、昭和三年の大恐慌のあとの不景気、アメリカの排日政策への反発、さらにさかのぼればロシア革命の波及にたいする恐れなどがあげられる。

昭和に入ると、右翼と軍人によるテロ事件が続出する。主なものを挙げると、

一九三一年　三月事件（陸軍青年将校が軍政府樹立をはかったクーデター未遂事件）
　同　年　十月事件（陸軍将校を中心としたクーデター未遂事件）
一九三二年　血盟団による前蔵相井上準之助暗殺事件
同年三月　血盟団による三井合名理事長団琢磨暗殺事件
同年五月　五・一五事件（犬飼首相殺害事件）
一九三三年　神兵隊事件（昭和皇道維新未遂事件）
一九三四年　埼玉挺身隊事件（政友会鈴木総裁以下幹部の暗殺未遂事件）
　同　年　士官学校事件（士官学校を中心としたクーデター未遂事件）
一九三六年　二・二六事件（陸軍の青年将校がひきいる千四百人の軍兵士を中心とした
　　　　　クーデター事件）

日本はこうして極右勢力と結んだ軍部に引きずられて軍国主義体制へと加速していく中で、右翼や神道家たちが政府にさきがけて、言わばそれを引っぱる形で本教にたいする迫害の先兵となっていた。

先述のように大正デモクラシーが謳歌されていた頃、ロシア革命の成功とコミンテルンの活動に刺激され、左翼思想がインテリ層だけでなく、大衆に大きな影響力をもちはじめた。それに反発し、危機感を持った右翼が、全国的に数百千の小集団として乱立した。神道だけでなく仏教の中からも仏教右翼が、日蓮系、禅宗系から生まれている。ちなみに一人一殺を唱え血盟団を作った有名な右翼指導者井上日召は、日蓮宗の僧侶であった。新宗教系中では大本教の出口王仁三郎の皇道大本が有名で、王仁三郎は右翼の巨頭、黒龍会の内田良平と密接な関係があった。

ここで、注目すべきことは、こうした、右翼勢力はいずれも、葦津珍彦氏が言うように政府の法令に基づく神道、すなわち内務省神社局が所轄する、いわゆる〝国家神道〟にたいしては反対ないし敵対的であったということである。こうしたラジカルな右翼ファシズムの諸勢力が、本教を迫害した主な勢力であった。（註9）

そして政府の対天理教政策が生ぬるいと批判する右翼団体が、本教を脅迫するようになる。その事情について、当時、教会本部で直接その渉に当っておられた諸井慶五郎先生は、次のように語っている。

昭和二年におさしづが、次の三年には御筆先の第一冊が、脚註付で公刊せられた。

（中　略）

この公刊で、教内には大きな喜びを与えたが、教外にも色々の反響があり、特に、右翼といった国粋会とか、福岡の玄洋社のメンバーだ、と称する人達から、詰問的公開状で、或は数人のグループで、直接本部へ詰めよってきて、当時、庶務関係を担当

していた私は、一人でその応待に当った。（註10）

こうした右翼各団体からの脅迫は、その後敗戦の日までつづき、教会本部がその対応に苦労されたことは想像にかたくない。

一方の神道家たちからの迫害についての実例が、『天理教青年会史　第四巻』に次のように紹介されている。

・神道有志連合会主幹・瀬尾弾正は、政教社社長、五百木良三等と共に、神官、学者など百五十名を集めて昭和十一年十一月十日、東京・青山会館で、天理教撲滅対策協議会を開催し、検事総長宛の弾劾上申書を提出している。（187頁参照）

・また、国粋大衆党総務・畠山義雅は『いざひのきしん明るい日本』の内容が天皇の大権を否定しているとして、奈良地裁検事正あてに告発状を提出し、さらに、天理教の公認取消しの陳情書を文部省と宮内省に郵送した。（193—194頁参照）

・昭和十三年には、国会に於て問題とされ、議員はいずれも、政府の本教にたいする態度が手ぬるいとし、強硬な対策をとるよう迫っている。（195頁参照）

・そして先に述べたように、（昭和十五年に四度、昭和十六年に二度）帝国議会、衆議院決算委員会において、政府にたいし、天理教解体ととりつぶしを政府に迫ってい

るのである。（277―282頁参照）

明治三十三年に宗教法について論議している貴族院の審議内容と較べると、衆議院の見識のなさがよくわかる。こうした神道家や右翼からのつき上げが、政府の本教に対する統制や取り締まりの強化を促進した。そして、戦争が日中戦争（当時の呼称では支那事変）から、太平洋戦争（大東亜戦争）へと拡大するにつれて、神がかり的な神国思想や極右ファシズムがさらに勢いを増して行った。

本教が、公認された宗教団体であるにも拘らず、なぜ、昭和十年前後から、政府当局のきびしい監視と統制を受けることになったのか。

その理由として、

（一）戦時体制下の、思想統制の強化

（二）在野神道家、極右団体の天理教撲滅運動と政府への告発

（三）天理本道大西一派の妄説のとばっちり

の三つ（註11参照）をあげることができる。これらの三つが政府の公安関係者や軍国主義者に、本教に対するきびしい態度をとらせることになる。

これらほんの一例であるが、それらを見ると大正、昭和とかけてさまざまな右翼系の神

道思想啓蒙運動が各地でくりひろげられていたことがわかる。

五、思想警察の内偵と監視

思想警察（通称特高）による本教への内偵と監視を示すレポートが残っている。それについて『天理教青年会史　第四巻』から引用すると、

昭和十八年

『特高月報』（一月分）において当局は、天理教における教義改革はいまだ徹底せず、しかも機構改革も含めて教団刷新に対する熱意が希薄となり、活発な時局活動*をもって教外社会並びに取締当局の注目監視を眩惑擬装せんとする傾向が認められると強い不満を示し、この点、更に徹底して視察内偵を続行する必要があるという判断を示している。あくまでも監視の目は厳しく、決して心許さぬ姿勢が明瞭である。

昭和十九年

『特高月報』の中で当局は、天理教教師及び信徒中でいまだに旧来の不穏教理に執着す

る者が多く、このことは本教自体が教義改訂を実は等閑に附し、活発な時局活動を[*]もって擬装しつつ、あくまで旧来の信仰態度を固執すべく努めつつある結果とも看取されるとして、はっきりといらだちを露わにしている。即ち、本教は表向きの姿勢とは裏腹に、実はその本質を内密裡に堅持しているとの強い疑念を改めて表明している。

（＊―天理教ひのきしん隊及びいざ・ひのきしん隊のことを指すものと思われる。291頁）

さらに当局（思想警察）の監視の目が広く教内に浸透し、天理教の青少年活動にまで及んでいることを「特高月報」は記録している。青少年対象の練成会でそれを知った先人の驚きを、同じく『天理教青年会史　第四巻』から引用する。

昭和十七年

この年当局は前年より発足した一宇会の活動わけても少年部による青少年指導が青少年に危険な影響を与えるのではないかという点から改めて注目を加えている。

八月二十二日より三日間、松江市（松江分教会）にて開催された青少年対象の錬成会について、

その指導に当りたる一宇会本部少年部次長岩井孝一郎（現本部員…編註）は、参加少年等四十九名に対し「他人は天理教を何と悪口しようとも、我々は天理教（の教え）

を守り立派な人間になるんだ」と称し、又同分会所属の指導者に対し「他人は何と言はうと惑ふことはない。確かり子供を指導して呉れ」と流涕《りゅうてい》しながら説きたるを以て、少年等は等しく之と共に泣き、中には「家から米を送って貰ふから一日でもよい、此の会を続けて下さい」と泣訴せる者すらありたる状況なり。

との調査報告を行なっている。本教への攻撃が国々所々においては教会やよふぼく信者への嘲罵排斥となって現れ、それが一人ひとりのよふぼく子弟を直撃し、その幼き胸に孤独、痛切の思いが刻み続けられていたであろう状況を思う時、まさに万感迫る光景である。しかし、この感動的な場面もまた当局にとっては「要注意」との冷酷な判断の対象であった。

岩井「あの時はたしかに、これはちょっとやり過ぎたと思った。何しろお道のことをほめて、ほめて、ほめ過ぎたんだ。その上で、子供たちに、君らのお父さん、お母さんは一番えらいんだ、どんなに貧乏してても、世の中の人がどんなにひどい悪口を言おうとも、人をたすけるために苦労してるんだから、世界中でこれほどえらい人はないんだとやったから、子供たちがワッと飛びついて来て泣いたんだ。監視に来ていた特高も泣いたんだ。それでも報告書が上へのぼって行くと、やはり、この、君たちの親が世界で一番えらいという発言がどうしてもひっかかるんですね。そうですか、やっぱり記録に残ってましたか。」

この年三月、文部省宗教局は「天理教ニ関スル調書」という内部文献を作成している。その内容は昭和十三年十一月以来の改革状況がいかなる方向を指しているかを確認し、その上でなおも、一、教義の改革、二、教師の再教育、三、機構の改革の三点にわたり、余念なく本教を監督する必要を再び強調したものになっている。

（289―290頁）

監視の目は信者や布教師、教会にとどまらず、「陽気ぐらし」の教えそのものにまで向けられていた。前掲『天理教青年会史　第四巻』によると、

天理教布教師の要注意言動

言動者　管長　中山正善

内容

その神国の日本国民が現在いかなる状態で日常の生活を送っているか、私は政治方面に関与していないから詳しいことはよく知らぬが、国民は泣いて生活しているではないか。勿論戦争だから物資が不足することはやむを得ないが、これ程迄に苦しむ必

要はないと思う。神は人を苦しめる為のものではなく、和楽の生活を営ましめることが神の御意である。

今ではあらゆる法規の為に国民が縛られ身の置き場所が無い位だ。他国に対し神の国と自認している日本が神の国民を信用せずして自由を奪うということは何だか私の頭にはぴんと来ない。悪を善に返して然る後に明るくする為であろうが、最初から邪であるか善であるかの区別もつかぬ中に法規が出来て国民を縛っている始末だ。果して政府のこの方針が戦争遂行によいのか悪いのか今の処判断がつきかねる。私の様な素人の目から見ると政府は必要な部門に弱く、不必要な部門に強くできていて国民に不平不満を抱かせている。

（三月四日青函連絡船に於て移動警察官*〈特高の私服刑事〉に対する言動）

このように、特高当局の天理教監視はいささかもゆるむことはなかったのである。

革新の歴史に対し、今日の状況の中からとやかく言うことはたやすい。しかし、教団破壊をちらつかせての有無を言わせぬ強圧、官民あげての排撃運動の奔流、冷徹非情な内密捜査の浸透という苛烈酷薄なる状況にもし自分の身が在ったならば、と考える時、編者は慄然として言葉を失う。しかし、それと共に、そういう情況下にありながら、なおもわずかに残された可能性を求めて、何とかしてよふぼくとしての実を発揮せんとした先人の姿の中に、底知れぬ気概を感じ取らずにはいられない。
歴史に「もし」は許されない。親神様の思召は奈辺にありや。「革新と復元」が重大な命題たり得る所以《ゆえん》であろう。
（傍点は当局、292—293頁）

昭和十三年に入るといよいよ当局から教団に対し、変革を迫る。その事情について、東井三代次先生は次のように証言している。

私が教庁印刷所長から教庁庶務課長に転任を命ぜられましたのは昭和十二年の春でありました。その頃は既にわが国情は軍国主義的な情勢も次第に強くなり、皇道政治が強化され、昭和十年の年末には大本教教主出口王仁三郎が検挙され、翌年後半にはひとのみち教団が弾圧されるなど、皇道精神純化のために宗教界に対する弾圧が加わり、物情騒然たる有様を呈し始めました。本教に対する風当りも決して例外ではなく、大本教事件の直後、税務問題に因んで検索を受けたのも、その一連の関係によるものでありました。

昭和十一年教祖五十年祭が盛大に執行されましたのも束の間、翌月二十六日には所謂二・二六事件が勃発して引き続いて日支事変に発展して行ったのであります。本教の外部に対する窓口の役目を承る庶務のお仕事もなかなか容易ではごさいませんでした。国の宗教に対する行政も異常なまで歪められて参りました。庶務課長として文部省へ出頭を命ぜられたことも度々でありました。その頃東京出張所長であった高橋道男氏と幾度か本教の将来に対して憂慮したことも一再ではありません。真柱様に事の実情を赤裸々にご報告申し上げてお心をお煩わせするの止むなきことも次第に度重なって参りました。襲いかかって来る本教に対する政府の弾圧について、真柱様は当時非常にお心を悩ましておってくださったそのご様子など、今も尚昨日のように回想されます。（註12）

昭和十年末には大本教の教主が検挙され、翌昭和十一年にはひとのみち教団が弾圧を受けた。本教も税務事件で検挙者を出し、教祖五十年祭を盛大に終えたものの政府の風当たりはにわかに強くなった。東井三代次先生の生々しい貴重な証言を引き続き引用する。

文部省から正式に真柱様に対して「出頭」要請が参ったのは昭和十三年十一月であったと記憶しています。いよいよ来るべき時が到来したというのか、真柱様は時の総務部長島村國治郎先生外梶本宗太郎、中山為信、諸井慶五郎、深谷徳郎、堀越儀郎の諸先生をお連れになって御上京遊ばされました。私も職務柄幹事役として走り使いにお伴させて頂きました。殆ど連日の如く真柱様は文部省へご出頭下され、稲田宗務課長と、或る時は阿原宗教局長とご面接の上ご会談くださるのでありました。（中略）文部省を退出された真柱様は、夜は又諸先生方と鳩首凝議、夜を徹せられる日も次第に重なって参りました。

そんな緊迫した情勢の下にあった或る日、文部省の理事官川村精治氏から、東井私に会いたいという連絡があったので、直ぐ文部省へ飛んで参りますと、廊下へ出て人目を避けて「今夜十二時に自宅まで来てくれ」ということでありました。真柱様にその由申し上げましたところ「ご苦労さん、わしの車に乗って行け」と仰せくださいましたが、「近頃は物騒で真柱様のお車には尾行がついていることを覚悟せねばなりません。私共迄そんな気がしますから、省線（今の国電）で新宿まで参り、それから川村宅まで歩いた方が安全ですから」と申し上げて、川村理事官（新宿百人町）の宅へは正十二時に着きました。（中略）理事官はおもむろに「もう今夜は君に率直に話そう。結論から言えば天理教は原典を全部ふせよということですよ。〝東亜新秩序建設〟の声明によって、国はいよいよ臨戦態勢に入ろうとしている。この態勢に添うため、天理教も革新的な新態勢に切替えて逆らわぬようにご忠告申し上げたい。内務省警保局と軍の若手と検察陣のこの三者が背後にあって、文部省を表に立ててこの事を迫って来ている。阿原宗務局長としては何とかこの真相を真柱に伝えたいのであるが、局長はむしろ暗々裡にこのことをほのめかして真柱の方から自発的にこれを（原典をふせること）言わしめたい腹である。この宗務局長の肚を真柱に伝えてもらいたい。このために今夜は密かに貴君のご足労を煩わせた次第である。天理教に対する情勢は誠に緊迫している、決しておどかしや冗談ではありません。猶予は禁物であるというのが私の勘である。東井さん、今夜貴君と会ったことが万一にも洩れたら勿論私は切腹ものです。職を賭し命をかけてと申せば大げさのように思われようが、私は真剣です。貴君を信じて会うべからざるに会い、言うべからざるを洩しています。恩を着せる意味では決してない、貴教団を思うが故と私の真意を率直に受け留めて頂きたい」誠に切々鬼気を感ぜしめるような、川村理事官の説得めいた言葉でありました。（中略）真柱様始め先生方は私の帰りをお待ち下さっておりました。そして川村理事官との話の内容を率直にそのまま御報告申し上げましたところ「ウムご苦労だったのう」と只一言仰せ下さいました。先生方も静かにお聴き下さっておりました。

その年の十二月二十六日諭達第八号が公布され、同時に本部に革新委員会が設置されました。万斛《ばんこく》の涙をお飲み下さった真柱様の御胸中が今もありありと拝察されます。已むを得ぬこととは申せ、あの時応法の道をおえらびくださったその頃の真柱様のお

姿が、鮮明に眼底に刻まれております。（註13）

こうして、本教は国家権力からの破壊をまぬがれることができた。その危機をようやくのことで切り抜けた時、政府側の直接の責任者、文部省宗教局川村理事官は、東井三代次氏と互いに手をとり合って一緒に泣いておられる。このことは『陽気』誌に、より具体的に記している。

川村理事官が「文部省の意見」としてゝゝ述べられたそのお話に、私は心から誠意と信頼を感じながら入念にメモをとりました。

川村さんも真剣でした。思えば今、川村さんが指示された諸点は本教にとっては誠に重大事項であり、さらにその実行を具体的に表明する論達は、当然に本教の命運を左右するものとなりましょう。事の重大性を考慮して私は川村さんに、

「お話のその論達についての具体的なご所見（文部省）を、参考のためにこの際お聞かせいただけないものでしょうか」

と思いきって願ってみました。

「それだけは許してください」

という返事が当然に返ってくることは覚悟してのことでした。ところが、意外にも、

「そこまでは私も考えておりますから」

と快く引受けてくださった。「私なら」と一々前提して、諭達の方式、文脈、内容について誠に懇切に意見を述べてくださり、さらに最近文部省が本教に対して指示された諸般の重要事項に関するその真意と、それに対する本教側の対応や回答の不備な点などを指示され、最後に軍の皇道派の本教に対する秘密情報なども洩らしてくださった。川村さんとのこの最後の質疑応答が、後で大変な参考となったことは申すまでもありません。この夜の川村さんとの会談については、もう一度後でふれたいと思っておりますが、当時を回想して今も私の胸を強く打つものは〝人間の真実〟ということであります。延々二時間に亘った会談を終えて、

「東井さん、すっきりしました。この上は切に貴君《きくん》のご健闘を祈るのみです」

と洩らされた川村さんの一言が今も私の耳底に感慨も深く残っております。

「ありがとうございました。私も命をかけて何とか。どうぞ今後ともよろしく――」

深々と頭を下げた私の両眼からは感涙が頬を伝わっておりました。

かたわらで静かに終始見守っておられた奥さんが、そっと眼頭を押えながら「さあさあ、お疲れさまでございました。どうぞこれをお一つ」とさし出されたのは、アルコールに弱い二人のために準備された心づくしの暖かいぜんざいでした。

（中　略）

時刻はもう二時半、市電はもちろん省線もありません。電話を拝借して呼びつけのタクシーを呼んで暇を請いました。尾行をはばかって帰りは正門をさけて勝手口のくぐり戸から送り出してくださった川村さんに心からのお礼を申し上げて、薄明りの街を牛込若松町まで晩秋の夜道を人目をさけながら急ぎました。

日支戦争いよいよ混迷。物騒な情報も流されている帝都の街の真夜中の不気味さは今想い出しても身の毛のよだつ思いがします。新宿百人町の川村邸から若松町までの道はさすがに遠かった。約束通りタクシーは待っていてくれました。駒込橋で車をすてて染井通りを小走りで出張所へ帰りついたときはもう午前三時半でした。出張所の各部屋にはまだこうこうと電燈がついておりました。真柱様をはじめ先生方が私の帰りをお待ち下さっていたのです。（註14）

双方が共に苦しみを分ち合いつつ必死の努力をして本教の破滅を防いだ、感激の涙なのである。加害者と被害者、抑圧者と被抑圧者という単純な二元対立的な図式では考えられない不思議な光景である。ここに歴史の複雑さがある。

当局――その背後には、狂信的な天皇主義者、極右、国粋主義者、軍国主義者などがいた。ちなみに、こうした交渉に当たられた東井先生は当時の日記やメモを残しておられない。いつ特高に踏み込まれて没収されるか分からないからであった。また、当時東京とご本部との連絡に手紙はもちろん電話も使われなかった。盗聴の恐れがあったので、東京、おぢばへは十数時間をかけて汽車で往復して訪問相談された。当時の本教が置かれていたきびしい状況が推察できるのである。

六、右翼団体からの攻撃

当時の右翼団体は、今日では想像できないくらい恐ろしい存在であった。巨大な破壊力をもつ無気味な存在であった。

政府当局でさえも、左翼に対してと同じように右翼勢力の動きを警戒し、調査している。例えば、昭和十三年三月に、日本警察社から、『思想警察通論』という本が出ている。これは警察官に思想問題や社会運動について正しい知識を与えることを目的とした本である。その中で左翼の全てを紹介したあと、同じように右翼についても詳細な紹介をしている。右翼団体として二十一団体を紹介しているが、その三番目に「黒龍会」が出てくる。

また、出版責任者も出版社も共に不明の『国家主義国体一覧表』が昭和十二年八月末に出ており、その中に三百十五団体がリストアップされている。

黒龍会は明治三十一年に創立した団体で、中心人物として頭山満、内田良平などの名前をあげている。この黒龍会の主幹・内田良平が、昭和十一年一月に、『時代思想の顕現せる天理教と大本教』という七八頁の小冊子を出版している。

その中で、内田良平は大本教を弁護し、その迫害を不当なものと非難し、天理教の教典には、裏表があり、教義にはマルクス共産主義を肯定していて、我国体とは相容れない教えを説く宗教団体であると非難している。また、皇祖神の尊厳を冒涜《ぼうとく》し、共産主義的であり、正に不敬罪や治安維持法の法律に抵触している。大本教を検挙した以上、その十数倍も害毒を流す危険な団体である天理教を放置することは許されないと攻撃しているのである。

七、衆議院での追及

こうした右翼の攻撃に加えて、先に述べたように国会でも天理教に対するきびしい攻撃が始まった。さらに詳しく紹介する。

今井新造氏が、第七十三議会（昭和十三年）から、第七十六議会（昭和十六年）の四年にわたって議会で当局に天理教の解散を迫っているが、その時の議事録が彼の手で出版されている。『天理教審判　附告訴状主文議會請願文―その教義と共産實行の解剖―四ヶ年の天理教討伐』という本である。一四六頁の本で、その中で、天理教は国体に反し、不敬であり、共産主義であるとして、撲滅を政府に迫っている。そして天理教禁止解散に関する議会請願運動を起こそうとしている。

この中で今井議員の言っていることを少し紹介しよう。

○今井（新）議員　只今の大臣の御話に依りまして、今後の天理教に對する文部當局として、處置監督と云ふやうな點に付いては私は一應誠意を認めます。そこで更に伺ひたいのは兎に角日本國民として斷じて許すことの出来ない國體を冒瀆し、皇室の尊嚴を傷つけるやうな大逆不敬の教義を多年に亘って宣傳流布した天理教の管長の責任をどうするかと云ふ問題は私は重大なことではないかと思ふ。

それから私は先日來司法大臣、文部大臣に御尋ね致したのでありますが天理教の問題であります。一昨年以來私は邪教天理教撲滅すべしと云ふことを質問致して居るのでありますが是は長いこと問題になって居るのでありますから天理教に付いては相當内務當局も今日まで御調査をなされたことゝ思ふのであります。私共はひとの道であるとか、大本教と云ふやうな大逆不敬を重ねました邪教が斷乎たる當局の處置に依って解散の餘儀なきに至ったことは、是は當然のことであると思ふけれどもひとの道、大本教等に比べてより以上と目せらるゝ邪教の天理教が何故に今日まで何等の處分を受けて居らないかに付いては、私は全く諒解に苦しむのです。内務當局として從來天理教の教義竝に行動等に付いてどの程度に御調査をなさって居るか此の際一應承りたいと思ひます。　（62頁）

○今井（新）委員　天理教に對して監督官廳の文部省が取調べて居る、是は私も存じて居ります。併し是は文部大臣、司法大臣にも當然關係致したことでありますから、機會がありましたら尚ほ文部、司法の當局に御尋ね致して見たいと思って居りますが、併し直接の監督官廳が文部省でありましても、只今大臣の御述べになりました通り、内務省としても、例へば「ひとのみち」であるとか大本教であるとか云ふやうな淫祠邪教に對しては、會て斷乎たる行政處分に附されたことがあるのであります。私共の見る所では、天理教の罪悪といふものは「ひとのみち」、大本教の如き比でない。より以上今日まで罪悪を犯して居る。斯ういふやうに私共信じて居ります。(88—89頁)

○今井(新)委員　實は十年程前に昨日も申述べましたやうに山中重太郎といふ御老人が天理教を大逆不敬、詐欺、脅喝で告訴した、所が司法省の方ではまだ一回も御取調べがない、是は司法大臣においでを願って私から御尋ね申上げる筈でありましたが、おいでになりませぬから何れ日を改めて御尋ねする考へでありますが、今の文部省が御認めになって居る天理教教典といふものは本當の教典ではないぞといふことを—天理教の最も實權を握って居る松村吉太郎といふ人があります。御存じだと思ひますが、どっちかと言ひますと、管長は「ロボット」なので、實權は此の松村吉太郎が持って居つて號令して居る、此の松村吉太郎の女婿である人が天理教教典要義と云ふものを發行して居る、其の要義に天理教教典は表面天理教の教典であるけれども、是は本當の教義ぢゃないのだ、本當の教義は泥海古記、御筆先、御神樂歌等にあって、是は文部省や社會に對する表面の道具に過ぎないと云ふことをはっきり言って居る。此の人が言って本になって居る。斯うぃふことを考へまするど私の申上げますことが能くあなたに御分りになるであらうと思ひますが、そこで文部省は唯一の教義教典と仰しゃって居る、其の教典の内容に付いて御尋ね致したいのは、天理教は大體天地を造ったのは天理王尊である、人間も天理王尊が造ったのだ、天孫降臨の事實も否定して居る、日本の國史、國體、古事記全部を否定して居る、それから此の天理教の教典の中に、國常立尊、國狭槌尊、豊斟渟尊、大苫邊尊、面足尊、惶根尊、伊弉諾尊、伊弉冊尊、大日孁尊、月夜見尊、此の十柱の神様が—是は御承知の通り日本の宮中の奉齋神で在はせられる神様です、所が天理教教典には此の十柱の神を總稱したものが天理大神であると明記いたしてある、是が私は大不敬罪であらうといふのである、日本の神様といふものは實在の神様である、人格の神様である、御一方御一方が實在の神様である、人格の神様である、天理大神なんてものは日本にはないでせう、架空の神様である、架空、妄想、空想の神様である、妄想から現はれた天理大神などと云ふものが此の國祖と言ふべき十柱の神を總稱したものであると書いてあることそれ自體が大不敬だと私は思ふ、是は神位天位を覬覦《きゆ》するものだと思ふが、其の點如何でございますか。

取潰すより外に仕方がない私共の考へでは現在六億七億と云ふ金もあるそうでありますから、逆産没収で是は政府が没収して、さうして飛行機でも潜水艇でもどん／＼造るが宜い……。（109頁）

（中　略）

（106―108頁）

先の右翼指導者内田良平も、今井新造議員も、『明治教典』にはたしかに敬神章・尊皇章・愛国章はあるが、しかし、それは偽装であり、皇祖神をないがしろにしていると批判攻撃しているのである。教典をもちながら、しかしその実は、教祖の御教えである原典を元にして信仰するという二重構造を彼等は見抜き、不敬であると批判し、撲滅せよと政府に迫っているのである。

今井議員は本教を、「ひとのみち」や「大本教」などと較べようのない罪悪を犯していると非難している。ひとのみち教団は教育勅語を教典としていたが潰され、大本教も皇道大本という天皇中心の教義を唱えていたが、これも二度にわたり大弾圧を受けて潰された。本教が潰されなかったのは奇跡である。

仏教側も明治以来の本教批判をゆるめてはいなかった。たしかに明治二十年代、三十年代のような大規模な表立っての非難中傷は行っていないが、陰での悪口や中傷攻撃は相変わらず続けられていた。先に揚げた浄土真宗系の月刊誌『講壇』の特輯にもその一端が現れている。このころの本教批判の理由の一つは、教祖の御教えが共産主義的であるということと、国が進めている皇国主義政策に全く非協力的であるという点である。

八、諸宗教への統制と弾圧

ここで本教以外の宗教への国の統制と弾圧を記しておく。

きびしい取り締まりに対して、当時の創価学会も会員に対して次のような通達を出している。

創価教育学会各理事、各支部長殿　　理事長　戸田城外

通　諜

時局下、決戦体制の秋、創価教育学会員（に）於、益々盡忠報告の念を強め、会員一同各職域に於いてその誠心を致し信心を強固に鬼畜米英打倒の日まで戦ひ抜かんこ

とを切望す。依って各支部長は信心折伏について各会員に重ねて左記の各項目により此の精神を徹底せしめんことを望む。

一、毎朝天拝（O座）に於て御本山の御指示通り　皇祖天照大神　皇祖神武天皇肇国以来御代々の鴻恩を謝し奉り敬神の誠を致し　国運の隆昌　武運長久を祈願すべきことを強調指導すべきこと。

一、学会の精神たる天皇中心主義の原理を会得し、誤りなき指導をなすこと。

一、感情及利害を伴へる折伏はなさざること。

一、創価教育学会の指導は生活法学の指導たることを忘る可からざること。

一、皇大神宮の御札は粗末に取り扱はざる様敬神崇祖の念とこれとを混同して　不敬の取り扱ひなき様充分注意すること。

以上

（註15）

こうした布告を出したにも関わらず、創価学会初代会長牧口常三郎以下幹部も不敬罪で逮捕された。いずれにせよジャーナリストの乙骨正夫氏が指摘するように、これらの人びとは反戦思想や運動で逮捕、投獄されたのではなかった。他宗を一切排除する排他的非寛容の故に伊勢神宮の神符を拒否したためであった。

また、こんな資料もある。

「戦前戦中を通しまして、国家神道を精神的支柱とした軍国主義は、我が国のみならず近隣アジア諸国にも多大な惨禍をもたらしました。批判するものは徹底して弾圧され、多くの教団も弾圧されました。創価学会においても、牧口常三郎初代会長、戸田城聖二代会長が、自らの宗教信念に従い、神札を祭ることを拒否したことから、逮捕、投獄され、牧口会長は獄死しております。また、戸田二代会長も二年間にわたり獄中にあったのであります」（秋谷答弁）

たしかに牧口氏、戸田氏は治安維持法違反と大麻（神符）に対する不敬罪で逮捕、投獄されている。だが、そこには反戦性は微塵もない。

昭和十七年十一月二十二日に行われた創価教育学会（創価学会の前身）の第五回総会の模様を記録する「大善生活実証録（創価教育学会第五回総会報告）」には、「午前十時宮城遥拝」「軍歌高唱」「牧口会長の発声にて聖寿の万歳三唱」などとともに、各役職者の次のような発言が記載されている。

「大東亜戦争も一周年に垂んとして、陛下の御稜威の下、我が陸海軍将兵が緒戦以来、赫々たる戦果を挙げている事は、吾等の衷心より感激に堪えない次第である」（理事本間直四郎）

あたかも反戦平和団体であったかの如く装うことは真っ赤なウソである。（註16）会員に対し、通達を出したり、また宮城遙拝、軍歌高唱、聖寿の万歳三唱などを会員に行わせることは、創価学会であろうと何であろうと、当時の日本人は皆当然のこととして行っていたことなのである。そのことを何も隠す必要はないのである。何の疑いもなくそれらをした、そういう時代だったのである。

だから敗戦後日本人全員が反省し、懺悔をしてきたのである。そして二度と過ちを繰り返さないことを誓ったのである。

敗戦当時の精神状態は、今日では信じられないほど混沌とし、混迷していたことが分かる。敗戦前後の昭和二十年七月から十月にかけて、いわゆる特高（戦前日本の秘密警察）が出した、各地の治安情勢や民心の動向に関する報告書によると、

あの悲惨な原爆が殺下された直後の長崎で、玉音放送〈天皇が直接ラジオを通して降伏を宣言した〉に対して憲兵隊が、〈あれは敵のデマ放送だ〉と触れて回り、是を聞いた市民が万歳を叫ぶなど、戦意が衰えていなかったという。

戦争末期、日本の宣伝当局は、アメリカは無条件降伏により日本民族を奴隷化　抹殺しようとしているのであり、米軍が上陸すれば、女性は暴行され、男は強制労働か

アメリカに送られて奴隷にされるといった風の〈敗戦恐怖譚〉をしきりと宣伝した。この宣伝を三分の二の日本人がまともに信じていたという。（註17）

作家小林信彦氏は、

アメリカ軍が日本全土に上陸すれば、男は皆殺しか、ペニスと睾丸を斬り落とされて奴隷にされる。女はすべて強姦されるというのがぼくたちの常識であった。くりかえし宣伝されると、信じるようになってしまう。（註18）

と書いている。

昭和十年代はまさに、大変な時代であった。日本の歴史に精通した作家司馬遼太郎氏は、昭和十年代が特異な時代であったと、次のように言っている。

私は、日本史は世界でも第一級の歴史だと思っている。ところが、昭和十年から同二十年までのきわめて非日本的な歴史を光源にして日本史ぜんたいを照射しがちなくせが世間にあるようにおもえてならない。この十年間の非日本的な時代を、もっと厳密に検討してその異質性をえぐりだすべきではないかと思うのである。（註19）

昭和初年から太平洋戦争の終了までの日本はながい日本史のなかで、過去とは不連

続な、異端な時代だったことです。（註20）

その前、すなわち昭和の初めまでは大正デモクラシーの自由を引き継いで言論や思想信条の面でなお自由が大幅に許容されていた。

たとえば、キリスト教について見ると、昭和四年の世界恐慌、昭和六年の満州事変と日本が次第に軍国主義化していくに従い、キリスト教だけでなく日本のどの宗教教団も統制を受けることになるが、それ以前においては、キリスト教は他の宗教教派と全く同じ扱いを受けていて、特に迫害を受けたことはない。そのことは中山健男氏が紹介している昭和六年の上智大学事件を見れば明らかである。

満州事変（昭和六年）以後、ファシズム的思想の台頭に伴い、主として軍部の圧力によってキリスト教が不当な圧迫を受けた。しかし、当時はすでに大学の方面においても滝川事件（昭和七年）、美濃部事件（昭和十年）が起こり、圧迫されたのは単に信教の自由だけではなかった。明治憲法のオールド・リベラリズム的、また大正デモクラシー的秩序がすべての方面において押し崩されはじめた。議会制度さえも時代に合わないと言われたのである。

昭和六年十月、上智大学事件が起こった。上智大学事件は、学生が宗教的理由により靖国神社の参拝を拒み、配属将校が同大学を引き揚げた事件である。この事件は、大学が神社参拝に同意することとなり、配属将校がもとに復して落着したが、その時文部省とカトリック大司教との間にとり交わされた文書の大要は次の通りである。

カトリック教会より文部省へ

昭和七年九月二十二日附

アレキシス・シャボン大司教

「学校行事として、天主公教徒たる学生生徒児童が神社並に招魂社に参拝を要求せらるるに際して生ずる困難に関して茲に御紹介申し上ぐるのでありますが、（中略）此の困難は天主公教徒が自己の信奉する宗教の儀式と同一の観ある他の諸儀式に参加する良心の反対に基づくものであります。政府が前記の行事に参列することを要求せらるる理由は、言うまでもなく愛国心に関するものにして、宗教に関するものにあらずと思惟いたします。故に彼らがかかる機会に団体として加わることを求められる趣意は、偏に愛国的意義を有するものにして毫も宗教的意義を有するものにあらざることを明らかにせらるるならば、参加に関する彼らの困難は相当減少すべきことを明言致します」

これに対して文部省は次のような回答を与えた。

文部省よりカトリック教会大司教へ

昭和七年九月三十日附

「九月二十二日附を以って照会の学生生徒児童の神社参拝の件に関しては、左記のごとくである。

学生生徒児童等を神社に参拝せしむるは宗教上の理由に基づくものではなく、此の場合に学生生徒児童の団体が要求せらるる敬礼は愛国心と忠誠とを現すものに外ならないのである」

カトリック教会側は神社参拝の真意を了解したのであって、本事件は必ずしも国がカトリック教会に圧迫を加えたものと見るべきではなかろう。『国家と宗教』（昭和十三年）の著者田川大吉郎氏は明治学院の関係者であり、キリスト教関係者でもあるが、当時キリスト教に対する圧迫の有無について次のように述べられている。

「昔の日本、明治維新の初めに行われた信仰の圧迫は分っている。他の所にも述べた如く、明治の初め四千の旧教信徒は、その信仰の故他藩に移されたのである。昔のそれは、来りて我が国を窺う、今日の所謂安寧秩序を妨害する所の行動があるとの理由において迫害され追放されたのであったが、明治初年のそれにはそれらの嫌いは殆ど全く無くなったのである。

次いで明治六年の禁制高札の撤去は、基督者に対するそれらの嫌疑の消えて全く無くなったことを証するものである。爾来、信仰の自由の迫害された事実は全く無い。個人の間には往々あったけれども、公には全く無くなった。明治以来の日本の基督者は、比較的安楽な信仰生活を送ったものと云うべきであろう」（註21）

同志社大学神学部を出たクリスチャンで、元外交官・佐藤優氏は言う。

抵抗したキリスト教徒たちもいたことは、たしかである。しかし強要された云々は戦後の作り話であり、あくまで自発的に靖国神社にも参拝していた。

国家のなかにいれば、国家の意志、動向に無関係ではいられません。しかし日本のキリスト教徒は、あたかも自分たちだけが国家の外側・特別な場所にいたかのように振る舞っている。それはまやかしです。

じつは日本のキリスト教徒は、積極的に太平洋戦争に協力しているのです。軍用機増産にも協力したし、従軍牧師という存在の人たちもいて、中国にも、満州にも、フィリピンにも従軍した。現地の人たちに、日本にもキリスト教徒がいること、我々日本のキリスト教徒は、皆さんの見方である。決して悪いことをしようとしているのではないと説得するために戦地で積極的に戦争協力の役割を果たしたと。（註22）

佐藤氏はまた、戦後、マッカーサーの意向に従って、京都大学にキリスト学科を新設し、初代学科長になった元同志社大学神学部・有賀鉄太郎教授は、戦中はイタリア・ムッソリーニのファシズムに共鳴し、学生を連れてムッソリーニに会いに行った、と書いている。

獨協大学名誉教授・中村粲氏は言う。

支那事変（筆者註―現在は日中戦争という）については、ヴァチカンのローマ法王ピオ十一世でさえ、昭和十二年十月に全世界三億五千万のカトリック教徒にメッセージを出し、支那事変は防共の聖戦であるから、全世界のカトリック教徒と信徒は、日本の戦争に『遠慮無く』（without reserve）協力せよと呼びかけてゐるのだ。（中略）大東亜戦争（筆者註―現在は太平洋戦争という）が勃発すると、カトリック教会はフィリピンなどのカトリック教国への神父の宣撫班を派遣したし、教会ではミサの折に戦勝祈願も行はれた。（註23）

前述のように昭和十二年の支那事変の頃から、キリスト教だけでなく、全ての宗教団体への取り締まりや統制が強化されていった。しかしそれまでは、いわゆる大正デモクラシーの時代であり、かなりの信教の自由や言論の自由は許されていた証拠に、赤沢史朗氏は次のような事件を紹介している。

たとえば福岡においてキリスト教の宣教師が新聞広告上で、天照大神は「太陽という天体の人化したもの」で皇室の祖先ではなく、従って拝むべき神でないと述べたのに対し、地元の神職会と全国神職会は不敬事件であるとして追求し、内務省・司法省にその処分を要請して運動し、結局この新聞広告の発禁処分をひき出すのに成功している。福岡県神職会ではその後も演説会を開いて、「斯る不逞の徒を慴伏せしむべく」キャンペーン活動をくり広げた。このように神職会の運動は、不敬言動を摘発・攻撃して国家の取締りを要請するという方向に向けられており、一九二三年（大正十二年）全国神職会の年次総会では、「近来皇祖及皇室ニ対シ奉リテ不敬ニ渉ル文書ヲ頒布シ或ハ不敬ノ言辞ヲ弄スル者アリ、将来是等ノ取締ヲ一層厳重ニセラレン事ヲ其筋ニ建議スルコト」が可決されている。（註24）

当時は、皇祖神天照大神について、こんな広告を新聞に出すことができたのであった。

本教においても、昭和十年頃までは、神道の枠（明治教典の枠）をはずれ、原典に基づく教学が自由に発表されていた。それは例えば、本教が啓示宗教であるということを正面から主張する出版物が多く出ていたことからも言える（註25）。神道は啓示宗教ではない。また、戦前、戦中、戦後を通して一貫して全体主義を批判しつづけた河合栄治郎氏は昭和九年十二月に『ファシズム批判』を日本評論社から出版し、昭和十二年十月まで三版を重ねている。

この頃までまだ言論の自由、思想信条の自由があった証拠である。しかし、戦争が泥沼化し、激化する昭和十三年から宗教への迫害が一段と強化されるのである。

司馬遼太郎氏のいう「非日本的」で「異端」「異質」な時代となって行く。そして、宗教の統制や迫害が強化され、どの宗教団体もきびしい試練の時を迎える。そして敗戦の日まで危機にさらされることになる。

本教においても、こうした自由は―不完全ではあったが―昭和十三年のいわゆる「革新」によって跡形もなくなってしまうのである。そして、昭和二十年の敗戦の日まで、辛くきびしい統制と迫害の日が続くのである。

明治二十年代以降、敗戦の日まで、戦前の本教は、不敬教団（反皇室）、国賊、共産主義団体として、批判され攻撃されつづけてきた。反皇室、反国体団体というレッテルを貼られ、邪教とののしられ、撲滅されようとしてきた（今井議員の例が示すように）。昭和十一年九月に、大衆神道社から『不敬凶逆の邪教、天理教撲滅』（瀬尾弾正編）という本が出ている。その中に「……古典を冒涜し、国神を侮蔑し、不敬凶逆の甚しきものがある。……以上、国体・経済・人道の三方面より推して天理教撲滅が喫緊の急務であると断じ、敢て天下に訴ふるのである」（2—3頁、筆者註—漢字を旧字から新字に改めた）と書いてある。いわゆる〝革新〟という名の下で行われた政府当局による徹底した統制が加えられた昭和十三年の弾圧の二年前の本であり、ちなみに他の神道十三派諸教団に対してはこのような非難・中傷は行われていない。どの仏教教団も何の批判も統制も受けていない。いわんや撲滅などと言われていない。本教が一番狙われ、右翼諸勢力のターゲットとなったのである。

前述したが、戦前の宗教迫害の代表として大本教がよく引き合いに出される。しかし大本教は宗教としてではなく、政治的な動きをしたことが、迫害された最も大きな理由であった。

出口王仁三郎は当時の右翼・黒龍会と深い関係にあった。黒龍會主幹内田良平は『時代思想の顕現せる天理教と大本教』という小冊子の中で大本教を弁護し、天理教を批判し、敬神尊皇・皇道精神を実行している大本教を迫害してなぜ六百万の信者を持ち、反国体・反皇室・共産主義と同じ思想を説く天理教を放置しているのかと次のように批判している。「斯くの如く天理教は大本教に比すれば十数倍の範囲に害毒を流し危険思想を培養して居るのである。然るに政府當局は此の不逞なる天理教を問わずして獨り大本教のみを厳處せんとするのは寔に偏頗至極と言わねばならぬ」（同書66頁）

出口王仁三郎は当時の満州（中国東北部）・蒙古に理想国を作ろうと現地を訪れ、危うく殺害されそうになった。

出口王仁三郎はまた、不発に終わった昭和初期の橋本欣五郎・大川周明などが画したクーデターに大本信者十万人を動員することを約束していたという。（註26）

これでは、政府から警戒され、迫害されてもやむをえない。

本教はこうした政治的・軍事的なことは一切関与せず、ただひたすら人たすけという宗教活動に専念していて、迫害を受けたのである。

参考までに、戦前に出版された当時（昭和十年代）の社会状況を反映した他宗教の出版物を挙げておく。（第二章参考資料、本書184―189頁）

九、戦時中のご苦労

第二次世界大戦は、日本の歴史はじまって以来の最大の危機であった。当時、台湾、朝鮮を併合していたが、四つの島からなるこの小さな国が全世界を相手に戦ったのである。今から考えればまさに正気の沙汰とは思えないことであった。

軍国主義者に牛耳られ戦争への道を歩みつつあった昭和十年代の日本で、本教も立教以来最大の危機を迎える。言わば家主である日本軍国主義国家が、住民である本教に、刃物をつきつけて戦争協力を無理強いしたようなものである。

次々と難題を押しつけてくる。この政府当局の圧力に対し、二代真柱様はじめ当時の教会本部の方々は慎重に対処し、最少限の協力をしつつも、信仰の本質を見失うことのないよう必死の努力をされた。

決して言われるままに全ての要求をのんだり、また時流に乗って積極的に協力するようなことはなかった。死に物狂いの努力でぎりぎりのところまで、こちらの立場を主張し、最小限の協力をしつつ信仰を守りぬこうとされた。

本教の国策への協力が消極的であったことについて、昭和十一年頃の『講壇』誌の中である浄土真宗の人は次のように言って非難している。

「私何時も思ふことは、さういう風に新興宗教が、教條の劈頭へ持って行って、皇上奉戴し、なんかとやらかし皇国主表の本家は此方だという風に見せかけてゐながら、何故今日今時国体明徴の喧しいとき、一つの運動も起さぬか、非常時々々々で喧しいとき一つの愛国運動を起こさぬかと思ふのです。真宗だって、同信報国だの興法利生だのと大旆を掲げて、翼賛しているのに……。ここが問題だと思ふ。インチキのインチキたるところだと思ふ」と。すなわち新宗教（本教など）は浄土真宗に較べて皇国主義運動に非協力だと批判しているのである。

本教も、いつ解散を命じられるかもしれないという綱渡りのような状態にあった。衆議院では、今井議員らが何年にもわたってしつこく、天理教団を解散させ、その財産で大砲や飛行機を作れと政府に迫っていた。

こうした中で、道の先人、先輩は何としてでも教祖の御教えを守り抜き、信仰をゆがめまいと真剣な努力をつづけられた。それこそ血をはく思いをしながら迫害に耐え、ぎりぎりのところで最小限の協力をしつつ密かに抵抗を続け、嵐が去るのを待ち、信仰の灯を守り通してくださったのである。

当時は強大な帝国陸・海軍がいた。巡査がサーベルを吊って「おい、コラッ」と威張っていた。昭和十年代に入ると特高（秘密警察）がいろんなところで密かに本教を潰そうと、その口実を作るべく内偵していた。人権も自由もない時代であった。右翼、皇道主義者、超国家主義者たちが短刀を懐に脅迫に来る。そんな時代であった。新聞、雑誌、ラジオが戦争を煽り、戦意の向上を叫んでいた。

そういう時代状況の中で、立教わずか百年で日本の人口の一割を信者にした巨大な新宗教である本教に対する風当たりは強かった。その当時の本教に対する官民あげての警戒、中傷、非難、迫害、弾圧のきびしさは今日からは到底想像できない。

戦争で男手が戦場にとられ、炭鉱で働く人がいなくなり、政府は本教にたいし、炭鉱に奉仕活動するよう要請してきた。

その時、その隊の名に「ひのきしん隊」という名をつけられた。そのわけは、誰かしなければならない地下での苦しい危険な仕事を他人に代って引き受け、人だすけをする信仰活動として行うという主旨からである。そして、ひのきしん隊員に多くの犠牲者が出た。

教祖殿の銅の瓦の供出を政府が言ってきた時もあったという。兵器や弾を作る金属不足に悩んだ政府は、あらゆる金属製品の供出を迫った。仏教では多くのお寺が鐘を供出した。鉄はもちろん銅は軍として一番欲しかった金属であった。この時も、政府の要請にたいし、他にも理由はあったとしても、結果としては全天理教の信仰者の信仰心の結晶である教祖殿に指一本ふれさせなかった。本土決戦とか、一億玉砕と叫んで戦争にかり立てていた時に、こうした態度を貫くには勇気のいることであったと思う。ちなみに、南礼拝殿側の道路に沿ってあるコンクリート製の柵に付けてあった鎖も供出し、戦後五十年取り外したままであった。

十、終戦の日に「復元」を命じられた

昭和二十年八月十五日に敗戦の日を迎えた。二代真柱様は、その日を待ちかねていたように「復元」の準備に取りかかるよう中山慶一先生に命じられた。「それを聞いたとき頭をなぐられ、目をさまされた思いをした」と中山慶一先生は次のように述懐している。

終戦の詔の下った日です。忘れも致しません。私はその日、おぢば帰りをさしても

らった。その時は名古屋に教区長としてつとめていたのです。なんにも知らずに僕は電車に乗りました。そのおぢば帰りの車中で、終戦の詔勅が下ったんです。それを僕は車中にいたので知らなかったのです。おぢばに着いて、道で確か島村規矩夫さんだったと思いますが、出会ったら、「えらいことになったなあ。」と仰るから、「なんです。」「もう戦争すんだんです。」「ええ。」というようなもんでした。びっくりして、僕は神様にお礼して、すぐ真柱様のところへ御挨拶に行きました。その時の私の気持は全く五里霧中でした。神様拝んで、真柱様の前に行って「只今帰らせて頂きました。」「おお帰ってきたか、お前もう名古屋へ行かんでもええぞ、これから、復元教典を編纂するからな、早速その方の仕事にかかってもらおうと思ってる。もうこのまま名古屋へ行くのは止めて、その方の仕事にかかれ。」「はあ。」と恐れ入るばかりでありました。万人が虚脱状態になってぼんやりする以外に何も手につかず、頭にも浮かばない時にも、真柱様の御態度は恐れ入る他ありません。かくの如くにして、復元の準備は整えられて、復元教典の発表、教祖御伝の公布、こういうふうになってきたんです。

（註27）

……前真柱様（筆者註―二代真柱）は夢寐《むび》にもお忘れにならん。だから終戦の詔勅の

下りた日、僕にパッと「教祖の教のみに立脚した天理教教典をつくれ」と言われた。（註28）

戦争が一日も早く終わることは当時の日本人の多くが待ち望んだことであった。一部の軍人を除いて、その思いは表には出さないが同じであった。特に日本軍が各地で次々と敗退し、玉砕の悲報が伝えられ、空襲で逃げまどうようになり、食糧も不足し、政府やマスコミが本土決戦だの一億玉砕だのと言いだしてからはかえって人びとは一日も早い戦争の終結を待ち望んでいた。

戦いに敗れ、占領されることは日本の歴史上初めてのことであり、悲しいことであった。千人を越える軍人や民間人が未来をはかなんでその日に自決して自らの命を絶った。

しかし、本教にとっては終戦（敗戦）は地獄に仏とも言うべき喜ぶべきことであった。革新以前からの長年にわたる国家の宗教統制から初めて解放されることになったからである。立教以来、連綿と続いていた政府のきびしい監視、統制、迫害、弾圧の歴史に終止符を打つことになった。立教以来初めて、教祖の御教えを堂々と公表し、御教え通りのおつとめができることになったからである。これは本教にとって待ちに待った悲願が叶えられる最も喜ばしい日であった。

歴史に「もし」は禁物であるが、もし、敗戦〈占領〉がなかったなら、そして昔のままであったなら、軍人が威張り、警察や特高が本教を監視し、役人たちは相変わらず本教に対して統制を加え続けていたであろう。原典は表に出せず、おつとめも相変わらず制限され、教典は『明治教典』を用いねばならなかったであろう。

その点からすれば戦争（敗戦）という節は、本教にとっては教祖の御教えに復元できる願ってもない幸せをもたらしてくれた。その日が来たのを一番喜ばれたのが二代真柱様であり、その日のくるのを一番待ち望まれたのも二代真柱様であった。教祖の御教え通りに信仰できること、原典を公表しそれに基づいて信仰することが、初代真柱様の時代から引き継がれた悲願であったからである。

教祖の御教えに忠実であろうとする信仰者であるなら誰でも戦いを憎み、平和を希求するのは当然のことである。教祖が教えられた、陽気ぐらしとは「真正《まこと》の平和」だからである。

おふでさきにも、次のように、戦争を止め平和になるよう教えられている。

月日よりしんぢつをもう高山の
たゝかいさいかをさめたるなら　（十三　50）

しかし当時は国民の義務として徴兵制がある以上、戦争になれば、若い男は皆戦場に行かねばならなかった。逃れられなかった。

同じカトリックの宣教師として日本で活動していたフランス国籍やドイツ国籍の神父さんも、第一次世界大戦の時も、第二次世界大戦の時も皆それぞれの故国に帰り、戦場で互いに銃火を交えた。

宗教の教えに国境はない。しかし残念ながら宗教家や信仰者には国境がある。

道の子であるようぼくも、徴兵され、戦場に行くときの真柱様の胸中は、可愛い子供を千仞《せんじん》の谷につき落されるような気持ちであったであろう。

日本法政史の権威、瀧川政次郎氏は次のように語っている。

　原爆を積んだ飛行機がアメリカの基地より飛び立つ時、アメリカの宣教師たちは、この飛行機が無事に広島の上空に達しまするようにと、デウスに祈ったという。私はそういうキリスト教の宣教師に対して好意を持つことは出来ません。戦時中、戦地に向う日本兵に対して、天理教の教主は、小声で、銃を放つときには、この弾丸が急所を外れて敵人に中《あた》るようとの祈願を罩《こ》めて、引金を引けと教えたと聞いていますが、それが宗教家としての正しい姿ではありますまいか。　（註29）

永尾廣海先生は、次のように書いている。

わたしの三十代は昭和十五年から二十四年、丁度戦争末期及び終戦直後になります。応召に当って真柱様のお言葉は「殺生をするなよ」であり、扇子には「慈而断」と御染筆下さいました。

最後の召集は連隊区司令部でしたが、空襲警報が出れば直ちにわたしは対空監視と対空射撃の指揮者でありました。防御部隊でありますので、陣地を直撃されない限りわたしは一発の弾丸も射たさなかった。兵隊さんは射たせと迫りましたが厳に制止したのです。おかげで一人の死傷者も出さず終戦を迎えました。

郡山の陣地から私の見ていたのはアメリカのグラマン戦闘機と、眼を離さなかったのは「おぢば」の空でした。「あゝ今日もおぢばは無事であったな」と。

召集解除されてこの事を申し上げたら、ニッコリ笑って下さいました。（註30）

戦争を最も忌み嫌われたのが二代真柱様であった。なぜなら戦争は教祖の御教えに反することである。また戦争のため教祖の御教えがゆがめられ、信仰の目標である陽気ぐらしの実現や世界だすけができなくなるからである。

事実、戦争がだんだん激しくなり軍国主義化していくにつれて、教団への干渉と迫害も日増しに激しくなって行った。

戦争のため、教義の改変を強制された。

戦争のため、祭儀の変更を止むなくされた。

戦争のため、折角、先人が汗と涙で営々と築いてきた、海外教会は灰燼《かいじん》に帰してしまったからである。

誰にもまして戦いを嫌い、一日も早く戦いが終わり、平和が戻る日を、一日千秋の思いで、ひたすら待ちわび、耐えつづけられたのである。その間の苦悩は、先の上田嘉成、喜多秀義、永尾廣海諸先生の証言から推察される。

昭和二十年八月十五日、遂に終戦の詔勅によって戦いが終った。

やがて、占領軍が、奈良にも進駐してくる日が近づく。東大時代の学友で、自称無神論者であったが、真柱様のお人柄にひかれて入信された生駒藤雄先生は、その時のことを次のように書いている。

それはたしか終戦二日目か三日目のことだった。同盟通信の奈良支局長から電話があって、「今夜あたりアメリカ軍は紀州の田辺に上陸する。そして明日の朝ごろにはその先鋒部隊が高田に到着する見込みだ」と伝えて来た。それでなくても不安に動揺している矢先である。問い返す暇も与えずにガチャンと切られた電話に緊張し、せかせかした声だけが心に突きささって、わたしは余計に動転した。後になって考えたらこんなおかしな話はないのである。たとえ同盟通信がどんなに大きい通信網をもっているにしても、あの時点で、海上にあるアメリカ軍の明日の行動までキャッチできるはずはない。脅えから来た全くの憶測か流言に類するものに過ぎなかったのだが、そんな判断をする余裕すらなかった。知らせてくれた支局長自身、泡食っているようだったし、それにあおられてわたしもすっかり逆上し、真直ぐに前真柱様（当時は管長さんとお呼びしていた）のところへ飛んで行った。

いまはもうどのあたりだったか見当もつかなくなったが、本部詰所と西教庁をつなぐ地下道に沿ったところだったように思う。狭い、仮仕立の地下室でお目にかかった。お一人きりで机に寄っていられた。ふと会ったお目が少しく充血して見受けられたのをハッキリ覚えている。わたしはほとんど挨拶も抜きに、いま聞いたばかりのことを、一気に、口早に話した。同時に、もし高田に出て来るとすれば、どのみち、奈良を目指すのだろうから、おぢばもその余波をまぬがれまいなどと、自分の幻想をも混じえてまくし立てたことだった。ジッとわたしに眼をすえて聞いておられた前真柱様

は、わたしが話し終ると、

「フーム、そうかな」

と、ただひと言いわれた。それは、

「まあ、落ちつけ、あわてるな」

といわれたのであろうが、自ら描き出したお化けにのぼせ上ってしまっていたわたしは、それ位いではとまらなかった。そして続いた。

「それで――」

「それで?」

「初代真柱様は刀がお好きでたくさんお持ちだと聞いているんですが、ナマクラでもいいから一口(ひとふり)短刀がほしいんです」

「やらぬことはないが、何をするんや」

「むろん、さあというときの用意です。それで死ぬんです」

いま思うと滑稽だが、戦争の続きで、敗戦の不安も手つだってそんなことを大真面目に考えたりもしていたのだ。

「そりゃ君にはできん」

「いや、やります」

しばらく睨み合いの沈黙が続いたが、やがてゆっくり、一語一語区切るようにいわれた。

「じゃ、まあ、君はできるとしよう。君はそれですむかも知れん。しかし、おれはそういう訳にはいかん。かりそめにもそんなことを考えはしないが、考えることもできないんだぞ」

「おれは考えることもできん」――

わたしはそのおことばにハッとした。夢魔から醒めた思いもした。

そこに幾百万の道の子の運命を、道の全重量を背負って毅然として立っていられる「管長さん」の姿をわたしは見た。統率者の弧絶を思いもした。そして申し訳なさで一杯になった。ひたすらに我が身のことばかり考えてキリキリ舞いしている自分が恥ずかしくなり、あわれにもなって、駄々ッ子に似た願いを取りさげて、倉皇《そうこう》として引き下ったことであった。（註31）

当時、殆どの日本人は十年近い軍国主義を煽る政府や、マスコミによる徹底抗戦や本土決戦や一億玉砕などの宣伝と教育にすっかりマインドコントロールされていたと言える。昭和二十年八月十四日に軍人による玉音放送レコード盤の奪取未遂事件があり、八月十五日の玉音放送後も、各地の軍の基地で軍人が徹底抗戦を叫び、多くの民間人の中にも終戦の詔勅に反対して戦争を続けようと、反乱を企てるものもいたのである。降伏して占領されたら何されるかわからない。男は皆去勢され、女は皆レイプされるという噂さが拡がっていたのである。

最高学府出の知識人であり、教養人であった生駒先生すらこんなあわて方をされていた。終戦――敗戦の日の人びとの動揺と混乱ぶりが想像される。そんな時、二代真柱様は、冷静に事態を見つめつつ、〝君はそれですむかも知れん。しかしおれはそういう訳にはいかん。かりそめにもそんなことを考えはしないが、考えることもできないのだぞ〟と、恐らく、心の奥からしぼり出すような声で告げられたのであろう。

真柱様の言動が、幾百万の天理教の信者やその子弟の運命を左右し、決定的な悲劇を生み、悲運に落としかねない。その責任の重さ、真柱様の苦悩、つらさを生駒先生もはじめてわかったと語っている。

かつて東西対立と冷戦が激しかった時、ハンガリーのミンセンティ枢機卿が共産主義政権と激しく対決し、逮捕され、拷問にあう。そして終身刑の宣告を受けるが後にアメリカ大使館に逃れ、バチカンとの交渉で、ローマへ亡命する。当然、反共の英雄として、共産国で信仰の火を守りつづけた英雄としてバチカンでは大いに歓迎されると世界の誰もが考えた。しかし、この神父さんに待っていたものは意外にも、ローマ法王庁の冷たい処遇であったという。

塩野七生氏はその理由として、バチカンはハンガリーに多く残されているカトリックの信者の運命と幸せのため、止むをえず、この英雄的な護教者を冷遇したのだと言う。

つまり信仰者一人一人は個人として天を仰ぎ、天（神）だけを見て純粋に神の教えに忠実に生きることはできる。しかし全ての信仰者の運命を握っているバチカンは、天だけ仰いでいるわけにはいかない。地も見つめていること、すなわち現実の政治状況や社会に配慮し、妥協しなければならないこともある。これが現実なのである。

二代真柱様も普通のようぼく、一般の信仰者であったなら言いたいこと、したいことが沢山あったであろう。しかし幾百万の教信徒の首長としての立場の上から、当局の理不尽な要求にも、涙をのんで心ならずも従わざるをえない不本意な日々を、敗戦の日まで耐えに耐えてくださったのである。

立教以来、昭和二十年八月十五日（占領下を入れるとさらに六年八カ月間）まで、これほど迫害・干渉を受けた教団があっただろうか（大本教とひとのみち教団は例外であり、それぞれに理由がある）。

すなわち、どの教団がこれほどいく度も議会で「解散請願」を出されただろうか。撲滅・制圧・潰せという官民挙げての非難中傷の嵐を受けた教団が他にあるだろうか。

その嵐の中で、教団の中心である真柱様のご苦心、ご苦悩は想像を絶する。

こうした危機に直面し先人、先輩たちの「無念・断腸の思い」「塗炭の苦しみ」「苦悩」「隠忍自重」（真柱様のお言葉）の苦労を、私たちは心から感謝しなければならない。その苦労のお陰で、今日の道の姿があるからである。潰されずにすんだのである。

潰されなかったのは奇跡であった。

戦前の写真では黒髪であった真柱様のお髪が、戦後すっかり薄くなり白くなっておられるのを見るとそのご苦労が偲ばれるのである。戦後も暫く占領軍の監視と統制が続く。

その危機を無事に通り抜けられたことに関して三代真柱様は、「……親神様の厚い厚い御守護のおかげであると、改めて御守護にお礼を申し上げるのであります。同時にまた、応法に英断を下した父、その父の胸中をくんで自分の信念をひとまず、心ならずも鞘に納めて、全教が一致協力して、それこそ、たんのうとひのきしんに徹して通ってこられた大勢の教信者の方々の真実……」であると、述べている。（註32）

まさしく三代真柱様が仰せのように、親神様・教祖のご守護、道の先人、先輩の霊様のお徳、そして教信者のひたすらなたんのうとひのきしん、そして真柱様に全教信者が心を合わせ一手一つに団結してこの大節に当った誠真実の賜物なのである。団結し一手一つになり、心を合わせて大難に立ち向い、苦難に耐えられたのも、真柱様を信じ切っていたからである。私たちが歴史から学ぶべき教訓はこのことである。真柱様に心を合わせることが、いかなる大節、大難にも打ち勝てる唯一の道である。

十一、受難の日々を支えたもの

昭和十年代の日本は、日中戦争の泥沼に入り込み、やがて全世界を相手に戦って破れ去るという歴史上前例を見ない危機の時であったことはすでに述べた。

その中を本教を無事に生きのびさせることは至難の業であった。猛烈な台風の大波と風に翻弄《ほんろう》され、いつ沈没するかわからない危険な大洋で死に物狂いでカジをとり、いざひのきしん隊とか満州天理村などで多くの犠牲者を出したが、信仰者の一手一つの団結で何とか無事に嵐に荒れる海を乗り切ったのであった。

傷つきながらも、大波にたたきつけられても海中深く沈まなかったのは、何より幸運なことであった。奇跡とも言える幸運をもたらしたのは、親神様・教祖のご守護は言うに及ばず、先人たちのご苦労のお陰である。

先人たちは、どのような世間の非難中傷や罵声を受けようとも教祖の御教え通り、ひたすらたんのうの道を通られた。

みかぐらうたには、

いつもわらはれそしられて　めづらしたすけをするほどに　（三下り目　五ッ）

ひとがなにごといはうとも　かみがみているきをしずめ　（四下り目　一ッ）

と教えられている。また別席のお話にあるように、山伏、僧侶、悪者があばれこんできてもかえってそれらの人達を不憫に思召された教祖のひながたや、また、「ハイハイとはい上れ」という教えに忠実に、どんな迫害の中も人を憎むことなく、かえってそれを自分の成人の足りなさやいんねんの現れと受けとめ、さらには親神様がお与えくださるたすけてやりたいための親心の試練として感謝して通り抜かれたのである。

長い受難の日々をくじけることなく勇んで通られた信仰者の心の支えは、言うまでもなく教祖のひながたと御教えのすばらしさであった。

初代真柱様も二代真柱様も、また真柱様と共にご苦労された道の先人、先輩たちも、ただひたすら教祖のご苦労のひながたを心の支えとし、どんな苦労の中でもそのひながたの万分の一なりと学びたいとの思いで、あらゆる苦労を節として、喜び勇んでお通りくだされたのである。

このように、言い知れぬ苦難の道を通られた。しかし、二代真柱様は戦争中ひどい目にあったとか、負い目にあったとかの言葉は一言も残されていない。また苦しめた国家や団体に対し、恨むようなことも一言も申されていない。戦争中のことについては、ただ私たちの信仰が足らなかったからであり、成人が鈍かったからだ。「私の不徳のいたすところだ」と申されているのである。

初代真柱様は千回泣いたと申されたとか。二代真柱様はどうか。

三代真柱様は、山口淑子議員との対談で二代真柱様がお泣きになっているのを目撃されたと話している。

父（先代正善真柱）が晩年、ことあるごとに涙していたというのは……信者を鉱山や工場などへ送りだし、なかには命をなくした方々もありました。それが忘れられなかったようです。……宴席で、たまたま〈炭坑節〉などを聞かされると、たまらなくなるのでしょうね、帰ってくると涙を流していました（中略）そこにつらかった父の涙の意味があったと思っています。（註33）

三代真柱様は、二代真柱様のご苦労を次のように述べている。

父自身の判断と態度次第で、後世の者達が原典に接せられなくなるかも知れないことが解っていただけに、教祖の道を引き継ぐ責任を一身に荷なった父の苦労と、応法を選ばざるを得なかった残念は、どんなに字数を費やしても、恐らく誰にも書き表わせないだろう。（註34）

昭和十三年の革新のときも、二代真柱様に身近に仕えておられた喜多秀義先生は「神様の仰せと法律で定めるところと両立するようおさしづ頂きたいと願われたくだりの処へお話が及んだ時、目に涙され、お声を詰らされたことがあったが」（註35）と書いている。それこそ誰も永久に表現できない苦しみを耐えてくださったのである。

二代真柱様は、海外ご巡教の際、現地で苦労している布教師を訪ね、その苦労を労われ、励まされ、涙されたことも多かった。例えば著書『上海から北平へ』の中で、戦前中国大陸で布教している人たちの所を訪ねられた時のことを次のように書いている。

私は卅日午前中に、彼等の教会集談所を廻った。語学校出の二人の如きは実に苦しい生活をしてゐるらしい。涙の出る思いがする。（註36）

戦前のお道の海外布教の真の姿を正しく見ないで誤解し、日本帝国主義の植民地政策に便乗したように言う人がいる。それは他宗に言えても、本教の海外布教には言えない。本教の布教師たちは、上級教会からの援助も断り、ただ教祖にもたれて単独布教をした。国からの保護など論外であった。むしろ中国や朝鮮でも日本の官憲は本教に対して警戒の目をゆるめていない。また当時の中国では、

日本人としては家を借るに都合悪く、皆彼等は中国名を用いて中国人になりすましているのだ。（同書269頁）

と、書いているように、中国人になりきって、二代真柱様が涙されるほどどん底の生活をしながら布教したのである。

彼等はよくやってくれて居る。……彼等の努力に対しては涙が出る程だ。（同書270頁）

韓国、朝鮮での本教の布教師の姿も同じである。どん底生活をして布教する本教の布教

師の姿を見て、現地の人が〝天理教を信仰するほど落ちぶれていない〟というほどきびしい生き方をしつつ、勇んで布教伝道に励まれたのである。

また満州天理村で敗戦を迎え、生命からがらおぢばに帰った山根理一氏の著書によると、

南礼拝場に座っていると、真柱様が出てこられた。

〈みなさん、長い道中ご苦労様でした。ようこそ、おぢばにお帰り下さいました……〉

真柱様の大きな顔、大きな眼鏡、その奥に涙が光っていた。

天理村の一人一人がおぢばに帰り、親の顔を見て、本当に安心した気持ちになっていた。あとは、涙があふれて、ただ泣いていた。（註37）

と記している。

昔の男子、明治の男は人前で涙を出すのは女々しいことという教育を受けていた。〝顔で笑って心で泣く〟のが男の美学であった。しかし三代真柱様や喜多先生は、二代真柱様の涙を見ておられる。誰もいないところで、また心の中でどれくらい涙を流されたことであろう。

二代真柱様も、初代真柱様と同じく苦難の道をお通りくだされた。とりわけ昭和の初め、全世界を相手に戦うという大戦（太平洋戦争、大東亜戦争）の嵐の中で、どれだけきびし

い道を通られたかは、想像を絶する。そしてやっとその苛酷な戦争が終ったら今度は七年にわたる占領軍のきびしい監視と統制に耐えねばならなかった。

（註1）『あをぎり』第七号参照、甲組会、昭和三年十二月
（註2）「天理教の思い出」（『天理―心のまほろば―心の本』天理教道友社、一九七七年四月に所収）
（註3）『茶の間の夜話―八十年の足跡』養徳社、昭和四十六年五月、112―123頁
（註4）「〝だめの教〟を末代へ」（『あらきとうりよう』一八三号、天理教青年会、一九九六年四月、40―41頁）
（註5）『思い出』天理教教会本部　昭和五十二年、1074―1075頁
（註6）『思い出』天理教教会本部　昭和五十二年、591―592頁
（註7）『思い出』天理教教会本部　昭和五十二年、470頁
（註8）『思い出』天理教教会本部　昭和五十二年、457頁
（註9）葦津珍彦『国家神道とは何だったのか』神社新報社、昭和六十二年六月、180―181

頁参照

（註10）『茶の間の夜話―八十年の足跡』養徳社、昭和四十六年五月、65頁

（註11）この点については次に挙げる本や論文の中で指摘している。

井上順孝「神道系教団に関する終戦前の研究状況について―教派神道論を中心に―」『国学院大学日本文化研究所紀要』第五十一輯、昭和五十八年三月、271頁

赤沢史朗『近代日本の思想動員と宗教統制』校倉書房、一九八五年十二月、146頁

中山為信「革新の経過と今後の動向」『みちのとも』天理教道友社、昭和二十年十二月号、69頁

（註12）『二代真柱様の想い出』第三集〈復元三八〉922頁

（註13）『二代真柱様の想い出』第三集〈復元三八〉922―924頁

（註14）『陽気』平成元年十一月号、養徳社、72頁

（註15）丸山照雄『創価学会池田大作　自滅の構造』東京白川書院、昭和五十四年一月、148―149頁

（註16）乙骨正生「秋谷創価学会会長を誌上喚問する」『文芸春秋』、平成八年二月号

（註17）栗原憲太郎、川島高峰「玉音放送は敵の謀略だ。」《This is 読売》一九九四年十一月号

（註18）「日本が崩れる日　一九四五年《一少年の観た〈聖戦〉19》」（『ちくま』一九九五年一月号）
（註19）『この国のかたち　二』文芸春秋社、一九九〇年三月、63頁
（註20）『この国のかたち　五』文芸春秋社、一九九六年四月、179頁
（註21）中山健男『国家と宗教』有信堂、昭和四十年一月、182頁
（註22）竹村健一・佐藤優『国家と人生―寛容と多元主義が世界を変える―』太陽企画出版、二〇〇七年十二月、138―139頁
（註23）『正論』産経新聞社、二〇〇八年十二月号、176頁
（註24）赤沢史朗『近代日本の思想動員と宗教統制』校倉書房、一九八五年十二月、59頁
（註25）拙論「啓示宗教であることについて（二）」（『あらきとうりよう』一七二号参照）
（註26）「あお雲の涯・小説昭和維新（十二）」（『正論』一九九九年四月号、341―343頁）
（註27）「ふしに現われただめの教の仕込みとそれを生かした先輩の態度」（『天理青年教程12』所収、昭和三十六年）
（註28）対談「教義の確立と二代真柱」（『みちのとも』天理教道友社、昭和四十三年二月号所収）
（註29）『諸君！』文藝春秋、昭和五十八年十月号、71―72頁

（註30）『ひが志』第四十三号、ひがし会、平成三年一月二十六日
（註31）『みちのとも』二代真柱追悼号、天理教道友社、昭和四十三年二月号
（註32）『みちのとも』天理教道友社、平成三年三月号、24頁
（註33）『宗教に聞く・対談集』毎日新聞社、一九九五年十一月、108頁
（註34）中山正善『陽気ぐらし』天理教道友社、昭和五十二年十一月、2―3頁
（註35）『思い出』天理教教義及史料集成部、昭和五十二年十月二十六日、1074頁
（註36）中山正善『上海から北平へ』養徳社、昭和二十一年十月、248頁
（註37）山根理一、玉江『満州育ち』平成六年十一月、74頁

第二章参考資料

［仏　教］

深浦　正文『日本精神と仏教』東林書房、昭和九年三月
矢吹　慶輝『日本精神と日本仏教』仏教聯合会、昭和九年十二月
西光　義遵『国民精神の仏教史観』文化時報社、昭和十年一月
金子　大栄『日本仏教の精神』（思想問題小輯七）文部省、昭和十年二月

福島　政雄『忠孝の本義と仏教』目黒書房、昭和十二年三月
木村　卯之『道元と日本哲学』丁字屋書店、昭和十二年三月
開　　精拙『大乗仏教と日本精神』顕道書院、昭和十二年十月
梅原　真隆『日本仏教の開顕と親鸞聖人』教学局（浄土真宗）、昭和十四年九月
石井錬耀編『皇室と護國佛教—皇紀二千六百年記念』鎌倉市佛教親和會、昭和十五年三月
友松　圓諦『人間と死』偕成式社、昭和十五年五月
佐々木憲徳『仏教の忠義哲学』山崎宝文堂、昭和十五年十月
寺本　婉雄『皇道と仏道』黙働社、昭和十五年十月
高神　覚昇『日本精神と仏教』第一書房、昭和十六年一月
大田　悌蔵『日本精神の自覚と禅の修養』松華堂書店、昭和十六年五月
今成　覚禅『古事記と道元・親鸞』平凡社、昭和十六年十一月
椎尾　辨匡『国体と仏教』東方堂書店、昭和十六年十一月
神林　隆浄『時局と仏教徒』（密教論叢第二二号）、昭和十六年
伊　藤　恵『日本文化と日本仏教』駸々堂、昭和十七年九月
谷　堯　昭『天台宗檀信徒報國會要綱』天台宗総務本廳、昭和十七年十二月
山岡　端円『皇道と密教』銀行信託社、昭和十八年四月

普賢　大円『真宗の護国性』明治書院、昭和十八年八月

鹽津　淳一『忠誠　日蓮伝』大東亜立正協会、昭和十九年四月

大谷　光瑞『満洲国の将来』

『支那の将来』

『支那の国民性』――以上『大谷光瑞全集十巻』大乗社、昭和十年八月所収

（著者は浄土真宗本願寺第二十二代法主）

大　伴　茂『山伏と皇民錬成』敞文館、昭和十八年四月

『改訂眞宗聖典―本派本願寺布教部指定』（編者、出版社、出版年月日不明）

本書の冒頭部分に次のようなものが掲げられている。

・破邪顯正鈔三十九丁教育に關する勅語　明治三十三年十月三十日 官報

・戊辰詔書　明治四十一年十月十三日　官報

・国民精神作興ニ關スル詔書　大正十二年十一月十日　官報（大正天皇）

・今上陛下御即位式勅語　昭和三年十一月十日　官報

・聖徳太子十七條憲法　推古天皇十二年四月三日

仏教だけでなく、キリスト教やイスラムにも国策に合わした出版物がある。

［キリスト教］

松村　松年『国民道徳より観たるキリスト教の本体』明治図書株式会社、昭和十四年七月

對野　福平『我国体と基督教』文明社出版部、昭和四年二月

谷口　茂寿『日本人に与えられし基督教』北文館、昭和八年七月

渡瀬　常吉『日本神学の提唱』ほざな社、昭和九年八月

徳富　蘇峰『日本精神と新島精神』関谷書房、昭和十一年二月

菅　圓吉『轉換期の基督教』畝傍書房、昭和十六年十二月十二日

海老　沢亮『大東亜建設と日本基督教』教文館、昭和十七年九月

河辺　貞吉『大東亜戦争と基督教者の使命』昭和十七年

気賀　重躬『東亜基督教史』新光閣、昭和十七年九月

Le point de vue Catholique surle Conflit Sino-Japonais（支那事変についてのカトリックの見解）カトリック大辞典編纂所、昭和十三年一月

［イスラム教］

原　正　男『日本精神と回教』誠美書閣、昭和十六年十二月

［諸宗教］

出口王仁三郎『惟神の道』大本教学院、昭和十年十二月（昭和三十三年八月に再販、平成六年十二月にあいぜん出版から再刊）

浅野和三郎『皇道大本の概要大要』

『ひとのみち教団概要』ひとのみち出版、昭和九年九月（教育勅語を教典とする）

『創価学会二代会長通諜』（前掲文書）

高橋　正雄『戦争と宗教—戦時下に於ける信念活動—』金光教信徒社、昭和十七年五月

本田　成之『皇国精神と儒教』敞文館　昭和十七年十二月

曹洞宗務院『曹洞宗報』（旧漢字を新漢字に）

・「臨戦態勢下に於ける僧侶の覚悟」昭和十六年九月一日号

・「寺院・教会の金属供出に就いて」昭和十六年十一月一日号

・「大東亜戦争一周年を迎え曹洞宗総動員　道府県錬成大会を開催」昭和十七年十一月十五日号

清水　芳巖『日本精神と禪』龍文社、昭和十三年八月

いずれも昭和十年代中後期に集中的に出版されている。しかし、これらはほんの一部である。

以上列挙したのは、戦時下各宗教や宗派がどのような状況に置かれ、どのような空気の下にあったかを知るための一助になればと思ったからである。

第三章　なぜ大戦の危機を乗り越えられたか

本教にとって最大の危機の時代は、明治二十年代、三十年代の天理教撲滅運動と、昭和十年代、戦争時代の天理教潰滅運動であった。

戦争中の苦難について、二代真柱様は公の場で一言もおっしゃっていない。私たちは、いろいろな事柄からそのご苦労を推察させていただくしかない。

二代真柱様二十年祭の時、三代真柱様は奏上された祭文の中で、ご功績を四つあげておられる。一番目にあげておられるのが、教義の確立である。「わけて教義の確立に心血を注がれ、御教を伝える正しき道の路線をお拓き下さいました」と。

原典学の確立、教義学の基礎を確立されたご功績の大きさは、測り知れない。これからも時がたてばたつほど、そのご業績の偉大さは、さらにいっそう光り輝いていくことであろう。

私には、二代真柱様のこの分野でのご苦労について語る資格はない。それが出来るのは、二代真柱様の下で、その大事業に参加された先人、先輩だけである。しかし、二代真柱様と共に、あるいはそのご指導の下に、教学の基礎確立に尽瘁された諸先生は、今はおられない。

先人、先輩たちの後塵《こうじん》を拝し、その恩恵を受けている私が、あえてこの事について筆を執る決心をしたのは、教内のほんのわずかな先生方をのぞいて戦前、戦中、戦後（占領下）のご苦労を全く知らない世代となってきているからである。そして、ともすれば、原典があることを当然のように思う人もいるかもしれない。戦前、戦中の時代の空気というか雰囲気を皮膚感覚でほんの少しではあるが知っている者の一人として、二代真柱様はじめ、先人、先輩の諸先生方が危険な状況の中で身を削り、生命を縮めて原典と本教を守り抜いてくださった。その一端を知ってほしいと思ったからである。

昭和四年（一九二九年）生まれの私が小学校に入った時、支那事変（日中戦争）が起こる。そして奈良・畝傍中学校（旧制）に入学した年の暮れ（昭和十六年十二月八日）に真珠湾攻撃が行われ、大東亜戦争（太平洋戦争）に突入する。

アメリカのカリフォルニア州より小さい国で、国土の七〇パーセントが山で、資源の少ない日本が、ドイツやイタリアや中立国を除く全世界と戦争するという、それこそ信じられないような悲劇にのめり込んだのである。今から思えば、まさに正気の沙汰ではなかった。全世界を相手に戦争する日本に、おぢばがあり、教会本部がある本教は、そのために存亡の危機にさらされた。

一、奥村秀夫先生の証言

昭和十年代中頃、当時の国家権力は本教を潰そうとしていたことは先に述べた。天理語学専門学校の学監（副学長）を務められた奥村秀夫先生は、天理女子専門学校の校名変更の許可を得ようと、昭和十四年九月頃から幾度も文部省へ通われた。だが、さっぱり埒があかない。

ある日、当時の関口専門学務局長に呼び出され、次のように言われた。「奥村君、君が一生懸命になっておられて、はなはだ残念だが、君の方の申請は認可の可能性は全然ない。あきらめた方がよいと思う。現在天理教は、大本教やひとのみち教団と同じように、その

解散が問題になっている。何時解散されるかわからない教団に、学校を許す訳にはいかんのだ」と言われた。（註1）

この奥村証言が示すように、政府当局が本気で本教の解散、潰滅を考えていたことの明白な証言である。

二、原典──「おふでさき」をめぐるご苦労

初代真柱様の強い思召をつぎ、教祖の御教え通りの信仰が出来るようにすることが、二代真柱様の悲願であった。しかしそのお望みは、激動する時代の動きに翻弄《ほんろう》されて出来ず、切歯扼腕《せっしやくわん》、断腸の思いの日々がつづく。

キリスト教の聖書学者たちが、どうしても超えることが出来ない大きな壁がある。それは、新約聖書がイエス・キリスト自身によって書かれたものではない、ということである。イエスの死後、弟子たちが書いたものである。これは致命的なウイーク・ポイントとなっている。

スイスのチューリッヒ大学神学部で神学博士を取得し、西南学院大学神学部教授であり、ある教会で牧師をしている青野太潮神学博士は、聖書は〝おふでさきではない〟とし〝絶対視してはならない〟と言う。ヘレニズム・ローマ時代のユダヤ教の専門家で、『七十人訳の聖書』を翻訳している秦剛平教授（多摩美術大学）は、聖書を一度解体せよという。そのわけについては、氏の著作を読めば誰でも納得できるだろう。二千年にわたって築かれたキリスト教の巨大な神学体系は、砂上の楼閣ならぬ、人造聖典の上に築かれた巨大な高層建築である。

その点、本教には原典があり、教祖直筆の『おふでさき』をいただいている。この有難さをいくら感謝してもしきれない。

しかし先輩達は、『おふでさき』やその他の原典を守るために、死に物狂いの、それこそ想像を絶するご苦労をくださった。

『おふでさき』はその昔警察署に没収されそうになった時に、出頭した初代真柱様が機転をきかし、お屋敷留守番のおまさ様、飯降おさと様両人がすでに焼いてしまった、と答えたことから残った。危ないところで没収をまぬがれたのである。

第二次世界大戦（太平洋戦争、大東亜戦争）の時も、没収される危険性はあった。

二代真柱様の義兄、中山為信先生は、『おふでさき』だけでなく『おさしづ』も、没収されるかもしれないと心配されていた。そして下手すると、古事記の語り部のように、おさしづを丸暗記しなければならないか、と心配したとおっしゃっている。よくぞ原典をお守りくだされたと思う。

教祖の直筆である『おふでさき』を、二代真柱様は戦争中もこつこつとご研究を続けられた。

有名な話なので知っている人も多いと思うが、二代真柱様の還暦の祝宴が、第二食堂で開かれた。私は、帰参していたコンゴのノソンガ氏の通訳として列席させていただいた。列席者の代表として、諸井慶五郎先生がお祝いの言葉を述べられた。二代真柱様がなされた偉大な業績を次々とあげられて、その功績を讃えられた。

二代真柱様はその答礼の中で、「諸井さんが、いろいろとほめてくださったが、自分が一番やりたかったことは、『おふでさき』を公刊することである。それに生命をかけた」とおっしゃった。私は幸いにも、その会場にいて、直接聞く機会を得た。

大正デモクラシーという、言論や信教の自由がある一時期があった。二代真柱様はこの自由な気分が続いていた昭和三年に、『おふでさき』を公刊し、全教教信徒が拝読できるようにと、いろいろとご尽力くだされた。

そして公刊に合わせて「おふでさき講習会」を催された。さらに昭和十一年にはおふでさき原本の写真版を、大教会、中教会に下附してくださった。

ところがその三年後の昭和十四年には、せっかく下附された『おふでさき』を政府の命令でやむなく回収し、廃棄処分せざるをえなくなったのである。

こうした、ご苦労を考えるとき、私達は『おふでさき』を拝読できることを当然と考えてはならない。二代真柱様をはじめ、先人、先輩の先生方の並々ならぬご苦労を偲んで、有難く拝読させていただかねばならないと思うのである。

三、神名が本教攻撃の種

前にも書いたが、中尊寺の元貫主で作家の今東光師は、「当局は何とかして潰すそうとしたが、潰せなかった」と書いている。（註2）
宗教への統制が強まっていく中で、「教育勅語」を教典にしていたひとのみち（現ＰＬ教団）も、天皇を天照大神だと教えることは許せないと理不尽な言い掛かりをつけられて潰された。皇道大本を作り、皇道主義、忠臣愛国を説いていた大本教も、特に教団指導者の言動が許せないとの理由で潰された。

本教も狙われていたことは先に述べた。

明治三十年代、本教は一派独立運動に十年もかかった。金光教は、申請してわずか一年で認可されていることも先に述べた。本教の場合は、幾度、申請しても返答がなく、やむなく取り下げた。認可を得るのに十年もかかったその理由の一つに、祭神があった。天理王命という神は、古事記、日本書紀の神々の系譜の中にないという。

さらに、皇祖天照大神の神名が、こうき話（泥海古記）の中にない。

そこで、神道学者の協力を得て、記紀にも出てくる十柱の神名（全てでない）をあげ、そこに大日孁命《おおひるめのみこと》（別称天照大神）を入れた。そして十の神を総称として天理王命と称えるという教典を作った。無理矢理押しつけられたということである。一派独立するためには、他には方法がなかった。その何よりの証拠に、本教が一派独立の認可を得た明治四十一年十一月二十七日の翌年、明治四十二年三月二十四日には衆議院において、天理教独立公認取り消しの請願書が採決されているのである。幸いなことに、貴族院では、審議未了ということで独立はそのまま認められたことも先に述べた。

しかしその後も、祭神についての中傷批判はつづく。それは、一派独立後から、敗戦の年までつづく。その理由は、皇祖天照大神をないがしろにしている理由からであった。しかし、本教の先人たちは、教典（通称明治教典）を棚上げし、こうき話（泥海古記）の神、天理王命を信奉していた。

大正五年から昭和十七年の間に出版された教理書、教義書二十六冊を見ると全てに、天理王命の十柱の神名のご守護の第七番目に、「大食天命」とか、「大食天命、又の名は大日孁命」とか、またひらがなで「たいしよくてんの命」と書いてある。中国語訳、韓国語訳にも。どの本にも通称明治教典の中にある神名を全く無視している。（註3）

大正十四年十一月一日に、大日本眞勇會というところから『十年後の世界如何になるか』という小冊子が出ている。そこで、安江明氏の「世界の要求する宗教」という論文の中で「天保九年十月二十六日、即ち旬刻限の到来により元なる地場に現れ給ふた神・之を天理王命と申上げる。天理王命とは」として、十柱の神名をあげているが、ここでも大日孁命の神名はなく、大食天尊としている。（同書7頁）

四、『天理教綱要』の事例

昭和四年（一九二九年）から毎年昭和十年まで道友社から出版され、天理教校で使われたと言われる『天理教綱要』の昭和四年版を見ると、天理教基本教義書として、「泥海古記」、「みかぐらうた」、「おふでさき」、「おさしづ」の四点をあげ、当時の教典（通称明治教典）は無視され、入っていない。

先述のように昭和五年版からは、天理教基本教義書の五番目として、はじめて天理教教典が挙げられ、十年版までつづいて出ている。しかし、『天理教綱要』は昭和十一年以後の出版はなされなかった。出版出来なくなったということである。

昭和六年に満州事変が起こり、しだいに、軍国主義の風潮が強まり、思想統制がしだいに強化され、宗教団体への締めつけがきびしくなったからである。

先人、先輩はその中でも、教祖の御教えを信仰の中心に置こうと、苦心された。

例えば、昭和五年に出版された『天理教綱要』の天理教教典の第一敬神章の神名は、たしかに大日靈尊の神名が挙げられ「是也之を總稱して天理大神と云う」としている。ところが、次の「第四章　天理教基本教理　第一節　實の親様天理王命」の中には、たいしよくてんの命をあげて、ご守護を説明している（同書184—189頁）。

十柱の神名についていては、「元實たる神様の十全十掌の御守護を、説いて下さるのに分かりやすくいふためにこの属性を一柱つゝ神名を以てその活動に報ひられております。（中略）そのなかには、日本古神道の神話に出てくる神名もあります」としている。

そして天理王命のご守護の第七番目に、「たいしよくてんの命」をあげ、大日孁命の名は出てこない。六年版も、七年版も、八年版も、九年版も、最後の十年度版まで大日孁命（尊）を無視し、その代わりにたいしよく天の命の名を表記するという二重構造はつづく。

当時、本教は教派神道の一つにされていたが、『天理教綱要』の中で、天理教は神道ではないとし、はっきりと次のように言っている。

爰《ここ》に一言費しておきたいことは、現在でこそわが天理教は我が國の宗教界において置き場所がないために神道派のなかに入れられてありますが、十三派のうち他の十二派とは全然その成り立ちも信仰内容も悉く違ふのでありまして、親様の眞意は到って自由な神道臭なんかの微塵もない新しい宗教なのであります。否、むしろこれを宗教といふ既成觀念で縛ることは不當で、あるひは教祖によつて創められた幽玄な精神運動の教團であるといふ方が近いかも知れないとおもはれる程なのであります。が偶々教祖の口をついて迸り出た神名の表象が多く我國古代の神名と合一してゐたので、一は爲政の都合上本教を神道派に入れたものだらうといふ推察がつきます。で天理教は天理教で何物でもない、決して古神道に根差したものでありませんけれども、今日神道の一派として取扱はれてゐますから、便宜上暫く然ういふことにしておいて論據を進めることにいたしませう。（註4、筆者註――ルビをはぶいた）

この『天理教綱要』は、二代真柱様が海外へご巡教の際はお土産として持って行かれた。

五、大正から昭和にかけての中傷文書

本教の教勢の急速な発展を恐れて、政府当局を始め、本教に檀家を取られたことに腹を立てた仏教界や、天皇中心主義者や神道家、右翼団体は、本教が政府当局に迫られて変更した神名に対しても、「天皇家の皇祖神天照大神（大日孁命）を大食天の命とし、下等な動物である河豚をその属性としている」として、猛烈な中傷非難攻撃を加えたものである。

第二章で紹介していない中傷文書をいくつか紹介する。

大正八年二月には、山田拓杵が『おみき婆さんの戸籍志らべ　天理教の秘密と戀の甘露臺』（竹生英堂）という本を出している。

大正十五年一月には、田中豊洲が『天理教罪悪史』という本を宗道書院から出版している。

大正デモクラシーと言われ思想、信条の自由が比較的自由であった大正中期頃からも、その社会風潮に便乗して本教に対する中傷文書が出はじめる。

昭和に入ると、中傷文書の出版が増えていく。昭和三年七月には、赤化防止團出版部という所から米持喜一郎著『徹底解剖　國賊天理教』が出版された。しかし、やはり中傷文書が一番多くなるのは、日本が大陸での紛争にのめりみ、軍国主義化していく昭和十年以降である。

昭和十年十二月には二冊の批判本が出ている。一つは、長年にわたり、本教を糾弾しつづけてきた山中重太郎が序文を書いている関口三省編『天理教騒動の真相―生死の岐路に立つ天理教』。もう一冊は森渓川著『天理教の解剖』という小冊子である。そのタイトルの右側には「天理教本部の残忍冷酷貪欲無道」は果たして眞か偽か？　と記し、日本の最大宗教となった『天理教の解剖』とし、その左側には、関西第二位の最高所得者となった宗教成金の裏面は何を語るか、と書いている。

著者森渓川は、翌年三月に同じ培文堂から『天理教と大本教の解剖』という本を出し、四十二頁にわたって、本教を痛烈に批判している。

昭和十一年の二月には、浄土真宗の『講壇』誌（三月特大号）が、「新興宗教排撃號」という特集を出し、「天理・大本・人の道・生長の家の内幕を語る」という座談会を掲載している。

昭和十一年九月には、大衆神道社という所から『皇紀二千六百年祭記念・不敬罰の邪宗天理教撲滅運動―建国神都浄化の第一聲』という小冊子が出ている。そこで「當局は速やかに禁止解散を斷行すべし」とし、次のことを当局（本教）に要求している。

乙號革正反省案

一、泥海古記を廢棄し、お筆先おさしづ神楽歌の大部分を改訂し、地場甘露臺を撤去し、教典を更正すべし。

一、教廳及幹部の有する濁財全部を提供して、公衆監視の下に、奈落の底に在る窮信者を扶養すべし。

一、松村氏の懺悔自決・管長の引責。

一、神道界より勇退。

来年二月には邪教撲滅暴露號を発行す

昭和十一年八月には、中村古峡が『迷信に陥るまで：疑似宗教の心理学的批判』を大東出版社から出し、同年十一月にも、同じ出版社から『天理教の解剖』という中傷文書を出している。

昭和十五年十月一日には、『大日』という雑誌に「天理教の邪悪と非道」という論文が掲載されている。（岩竹茂雄、大日社）

昭和十六年には、山中重太郎という人物が、本部の松村吉太郎先生、堀越儀郎先生、大須賀貞夫先生を偽證罪犯人として告発し、その告発状を著書として出版している。前述の衆議院議員・今井新造が当局を追求するとき、山中重太郎の名前をあげている。（註5）

先にも記したが、当の今井新造議員は『天理教審判：衆議院議員今井新造氏四ケ年の天理教討伐議會論戦　附（告訴状主文議會請願文）その教義と共産實行の解剖』という本を出版している（七人社、昭和十六年五月）。これは彼が本教を攻撃した内容を記録した本である。

彼は泥海古記は不敬であるとし、その例とし本教の岩井尊人編著『泥海古記附註釋』を持ち出して誹謗し、政府当局に対し、天理教を解散し、その財産を没収して、それを兵器製造に使えと迫っている。昭和十六年のことである。この年の十二月八日に、日本軍は真珠湾を奇襲攻撃し、米英など世界の大国を相手に大戦争に突入する。

六、なぜ解散から免れたか

潰されなかったのが不思議だった。まさに奇跡とも言える。なぜ本教は解散させられず、潰されずに終戦を迎えることができたのか。

当時の事情を知る人は誰もが不思議に思うことである。そのとき大きな役割を果たしたのが、真柱様のお人柄と信頼感であった。

昭和十二年七月に、文部省教学局企画課長兼思想課長であった石井勗氏は、『東大とともに五十年』（原書房、昭和五十二年四月）の中で、次のように述べているが、二代真柱様のご存在がどれだけ大きな役割を果したかが、これを読めばよくわかる。

天理教の教義については、当時既に姉崎正治博士その他を煩わして、教団自らが自発的に従来の教義の整理改訂を開始していたことを、承知していた自分は、その旨と、同教団将来の中心者、管長ともなるべき中山家の嗣子が、大学において、宗教学、哲学、史学等を専攻した知識人であるから、同教団の将来は、心配する必要がない旨とを、篤と説明して、事なき解決となった。

後日談であるが、東京新聞の記事『天理教の歩み』の中に、

「昭和十三年、政府の統制、干渉がきびしく教義原典の抹消を迫られる。」

とある。正にこの時のことである。（『東京新聞』昭和五十一年一月二十四日号参照）

二代真柱様が東京帝国大学で姉崎正治博士の下で宗教学を学ばれたことが幸いした。また姉崎先生やその教え子である方々が、ご尽力くださった。二代真柱様が教団のトップにいる以上、安心してよいという印象を与えていた。もし、そうでなかったら、ひとのみち教団か、大本教と同じ運命をたどっていたかもしれない。

東京帝国大学出身者が、教団を統率しているから、安心してよいというような考え方は、戦後の人にはとうていわからないだろう。昔の東大出ということは、尊敬と信頼のシンボルであった。

なぜこう推測したか。そのわけをもう少し詳しく説明する。

一九八一年頃のある日、深川恒喜元武蔵野女子大学教授から、天理図書館元館長富永牧太先生に連絡が入った。戦時中の天理教内関係資料を差し上げるから取りに来てほしいと。

私は、館長の代わりに東京の深川先生宅をお訪ねした。すると先生は、極秘と書いてある昭和十三年四月の「天理教に関する一研究」と、秘としてある「泥海古記」や「『泥海古記』が不穏當ナル諸點並ニソノ根據ト理由」、そして「天理教に関する件」（第七十六回衆議院決算委員會ニ於ケル天理教ニ關スル質疑応答、昭和十六年三月二十日木曜日）の三点を奥から持ってこられた。

深川先生によると、これらの文書は、終戦時に、焼却するように言われたが、密かに隠して持っておられたとか。戦時中、深川先生は文部省におられ、本教を取り締まる立場にいたが、何とか二代真柱様をお守りしたいと尽力したことや二代真柱様をなつかしく思っていることなどを話された。そして、敗戦と共に焼却すべき天理教取り締まりのため集めたそれらの極秘資料を、天理図書館に寄贈くださった。

深川先生からいただいた資料を見ると、政府当局は、文部省に命じて天理教の教義や活動の全てを極秘に徹底的に調査していて、極めて厳しい目で見ていることがわかる。教団を解散し消滅させるために作られた詳細な調査資料である。危ないところであった。

深川先生は、〝私たちは真柱様をお守りするよう努力をしました〟とおっしゃった。

政府は本教を潰そうとした。潰したかった。がそれが出来なかったのは、二代真柱様の東大時代の学友はじめ、岩井尊人先生、多くの知人、友人が軍や警察の迫害から必死に守ってくださったことが大きく作用していると思われる。

それと共に、幾百万という信仰熱心な教団を敵に廻すことを為政者たちは恐れた。第二の一向一揆や島原の乱、かくれキリシタンの現代版となることを恐れたのである。

天理教の信者は、或いは身上、事情をたすけられた報恩感謝から、或いはいんねんの自覚から入信し、教祖の月日のやしろとしての五十年にわたるひながたに感動し、地位も名誉も物欲も私欲も捨て、ご存命の教祖にお喜びいただこうと生命がけの信仰をしている人ばかりであった。それが当時の日本の人口の一割近くを占めていた。そういう真面目な信仰者を敵に廻すことは、日本の社会の安定や秩序の上からも、決して得策でないと当局は考えた。

潰したいが潰せないことは、右翼の指導者内田良平も認めている。先に少し紹介したが、全文を掲げる。

　天理教は其の教義に於て尊嚴冒涜、國體變革の不敬罪、治安維持法に牴觸して居り、到底之れを黙過すべきものにあらざること以上の如きものあるが、然らば之れを即時禁止解散すべきかといふに、其の罰すべきは罰し禁ずべきは禁ずべしとするも、其教團を根本より禁止解散することは考へものである。斯かる膨大なる教團に對し遽かに之れを行ふことは、幾十萬の生活不能者を生じ、其の方途に迷はしむるのみならず、之れを驅つて自暴自棄に陥らしめ、其の結果の國家社會に及ぼす影響甚大なるものあるを以て、之れが對策には自然消滅に陥らしむるか、或は轉向遷善せしむるかの二途に出てしむるの外なかるべし。而して其の方法としては先づ特権階級に彌漫せる現在の民主的悪思想を一洗し、更に進んで其の悪思想によりて成り立ちたる現行制度法律を改革しなければならぬ。比改革にして行はるれば、其反映として顯現せる天理教の教團は自然に消滅するか、或は轉向するに至るべきは見易き道理である。（註6）

内田良平は大本教の信徒は僅かに五十万内外に過ぎず、而して天理教の信徒は六百万に達するゆえに解散させることの難しさを認識していた。

当時の為政者も恐らくこの内田良平と同じ考えであったと思われる。当時、植民地を除く日本の総人口六千万の一割、六百万の信者をもつ教団は潰せない、潰さない代りに、徹底的な統制を行い、御用宗教として利用しようとした。それに対して抵抗することは、大変なことであった。その中を教えの道を踏み外すことなく、嵐の中を無事通り抜けるため、大変な苦難の道を、先人、先輩たちは通られたのである。

しかし狂信的な皇道主義者や、一億玉砕を叫ぶ軍国主義者たちは、本気で本教の破壊を考え、運動していた。そして、壊せないとなれば存在はさせておくが、その代わり政府は本教への一層監視と統制を強めて徹底的に利用し、協力させせようとしたのである。

先に述べた今東光師は本教を潰そうとする当局に対し、天理教は実に慎重で賢明な対応をしたと感嘆しておられる。

奇跡を生んだ理由の一つは、二代真柱様を芯にして全教の教信徒が心を一つに合わせて、一致団結し、猛烈な嵐が通り過ぎるまで、生命がけの努力をして耐えに耐えてくださったからである。

七、巨大な信仰集団であったから

本教がこの未曾有の危機を切り抜けた大きな理由のもう一つは、教信徒の熱烈な信仰信念であった。自分や家のいんねんを自覚し、家族や親族の反対を押しきり、社会的地位や財産を捨てて入信した先人たちは、身分も地位も財産もすて、教祖の御教えに全生涯を捧げた。強烈な信仰信念をもつ、それこそ生命しらずの数百万の教信者の存在が当局を躊躇させたのである。もし潰したら、どういう社会不安が起きるかわからない。そのことを政府は恐れたのである。このことはいくら強調してもしきれない。

その当時の本教の教勢について保坂幸博氏は、「天理教は今でこそ数ある宗教教団の一つにすぎませんが、大正、昭和初期の関西において、やがて全国をその信者に変えるであろうと思われるほどの勢いを示した宗教でした」と言っている。（註7）

こうした強力で強大な信仰集団の存在が、当局を恐れさせ、軽々しく破壊行動に出ることを慎重にさせ、躊躇させたのである。潰すより、利用し、協力させようとしたのである。

先人たちは、国家や国民が正気に戻り戦いが終わる日まで、当局の協力要請や命令をじっと我慢して、最小限のものにとどめるべく最善を尽くされた。炭鉱への協力も、男は兵隊にとられ、若者がいない状況の中で、困っている人たちの代わりになって助けるという精神で、ひのきしんの一つとして協力されたのである（「いざひのきしん隊西部隊長會議に於ける御訓話」『管長様御訓話集第四巻』昭和十九年度、135—136頁参照）。決して進んで積極的に協力したのではない。当局の圧力をぎりぎりのところまで耐えに耐え最小限の協力をさせられたのである。

八、いざ・ひのきしん隊と真柱様

政府は本教に対し毎日一万人が炭鉱へ行くことを要求してきた。それはまさに無理難題な命令であった。普通常識的には考えられない数である。なぜなら若い元気な男子は根こそぎ徴兵されていた。教会に残っているのは年老いた教会長かご婦人の会長と子供だけである。

軍需工場や田畑への勤労奉仕もきついが、当時の炭鉱では落盤や地下水の噴出、支え木の崩壊などの事故が多発していた。百人とか千人でも大変だが、一万人とは全く無茶苦茶な要請である。

しかし、当時の日本で本教以外にこのような要求を受けることができる教団は他にはなかった。本教の教信者は、ぢばから打ち出される声は神の声として有難く受けとめ、人だすけに献身し、生命の危険を顧みない信仰者達であった。そんな熱烈な信仰を持つ人が数百万もいる教団は本教以外になかった。だから、政府当局は本教に対し最終的には百万人の炭鉱ひのきしんを要求してきたのである。

繰り返すが、本教の信仰者は、今まであった古い宗教からの心のない中傷非難、マスコミからの攻撃、官憲からの弾圧を耐えに耐え、不思議なご守護をいただいた感謝の念と、いんねんの自覚から〝笑われそしられ〟ても、ゆるがない強固な信仰信念を持つ人達であった。そして真柱様のご命はご存命の教祖、すなわち親神様の思召と信じ尽くしきるようぼくが教団を支えていた。政府当局は他にないこのような強力な教団を石炭増産に利用しようとした。

政府の厚生省、軍需省では「勤労報国団」という名で行うよう命じてきた。しかし二代真柱様は、再三再四交渉し「いざ・ひのきしん隊」という名で行うことにされた。

中山もと様は、戦争中のことを次のように書いている。

太平洋戦争が始まると、やがて政府の懇請により、昭和十八年、ひのきしん百万人動員が始まり、教信徒は主に食料生産に励みました。戦争が次第に苛烈になると、政府は更に石炭増産の為に、一日一万人のひのきしん派遣を要請しました。教会本部では昭和十九年、いざ・ひのきしん隊を結成されました。全教挙げ一手一つになってその困難を切り抜けました。いざ・ひのきしん隊の隊長は二代真柱様が引き受けられました。革新以来二代真柱様は、常に教団の先頭に立たれ全教信徒と合力されて大ふし

を乗り越えられたのです。為に二代真柱様は頭髪がすっかり抜けて了われたのです。（註８）

二代真柱様の義兄に当たる中山為信先生も次のように話されている。

ひのきしんとは単なる労力のみの勤めを意味するものではありません。また数のみの問題でもありません。その内容はあくまでも信仰に立脚する精神に存ずるのでありますす。信仰によって勇み立った精神的内容の実行の態度の上に如実に具現するのが即ちひのきしんの本領であります。（註９）

こうしたご訓示に従い、いざ・ひのきしん隊は、

作業開始の前後は宿舎でお勤めを奉行することになっており、あくまでも天理教部隊として信仰者の動作に終始することとなるのである。また休日には、月次祭をも執行することになっており、その信行一体の行動が、それぞれ山全体に流す成果こそ大いに期待されるところであった。（註10）

三枝榮家氏は、

……管長様（筆者註―真柱の旧称）ご自身もひのきしん服に身を固めて、隊員と共に圓匙（筆者註―スコップ）をとられ、鶴嘴を振はれました。炭鉱視察に行かれます

と、地下数千尺もある坑道に下りたゝれ、暗黒の構内を帽燈の光をたよりに、切羽にまでゆかれ隊員を、坑兵を激励下さるといふ有様です。切羽と申しますと、現に石炭を掘り進んでゐる坑道の最前線、危険なマイト仕掛と鑿岩機唸るところであります。

本当にありがたい親心でございます。（註11）

真柱様は本教のために尽くしているようぼくのすぐ隣にいつもいてくださったのである。いざ・ひのきしん隊は、第一次、第二次と続けられ幾人かの殉職者や負傷者を出した。そして昭和二十年八月十五日の終戦と共にその任務を終えた。

私はそこで出直された方は、本教を守るために出直された殉教者であると思う。殉教者が出るたびに、真柱様はどれだけ悲しまれたであろう。

戦争が過酷になるにつれて日本の全国民が何らかの形で根こそぎ動員された。若者たちはみな兵役につき、内地に残っているものは兵役をまぬがれた病弱者か高齢者だけであった。昭和十九年七月になると、全国の三年生以上の中学生や女子学生はみな各地の軍需工場へ動員された。

本教は戦争中、政府や軍の要請や命令に唯々諾々と従ったわけではない。先に述べたように教祖殿の銅の瓦の供出は断乎として拒否した。また、飛行機の献納の要望はことわり、宗教団体としての本来的なあり方を貫いた。そして中国の奥地に大和医院を作り、電気も水道もない所で現地の人びとに医療サービスを行った。

満州（中国東北部）への移民も、政府の移民政策に応じながらも、満州の地に御教えを拡めるという海外布教伝道の精神は貫き通された。当時の南満州鉄道の弘報課が出している機関誌には、満州天理村について次のように書いている。

「満州国人ノ教化ヲ目的トスル唯一ノ宗教開拓民トシテ異彩ヲ放ッタ」と。（註12）

昭和二十年八月九日、ソ連軍は日ソ不可侵条約を一方的に破り、満州に進攻してきた。ソ連兵と共に現地民が暴徒化し日本人を襲い、多くの人びとが生命を失った。天理村の人達にも多大な犠牲者が出た。

幾度かの生死の危険をくぐり抜けてきた村人達は、南礼拝場で真柱様から「みなさん、長い道中ご苦労様でした。ようこそ、おぢばにお帰りくださいました」と、涙ながらの労いのお言葉をいただかれた。夜も眠らず海外の教友のことを思ってくださっていた。

九、生命の尊さを説かれた

これは二代真柱様が出版された『よふきぐらし』という本の中に出てくる話である。

戦争中の一日でありました。

ある高級将校が若い中学生にたいして戦争体験の話をしていました。その頃は一にも二にも総力戦で、闘魂を養うのが目的であったからでしょうが、彼は壇上で大見得を切って、「右の頬を打たれたら左の頬を出せと教えた人を、お前たちは憬れているかも知れない。しかしそれは以ての外である。その思想こそ、外国の謀略と考えてもよい。お前たちは、もし右の頬を打たれたならば、左の頬を出すのではなく、相手の左右の頬を打ち返す魂を養わなければならない」と力み返っていました。

計らずも、その場にいた私は何とも言えぬ感にうたれました。これが戦争指導の精神と聞いて、何とも言えぬ淋しい感にうたれました。いならぶ諸君には何とひびいたかは存じませんが、いかにもあさはかな悪かしこい宣伝と思えてならなかったのです。これが真実に人の心にふれる言葉とは考えられなかったのです。こんな考えでないと

勝てないと言われますならば、勝つことは良いことであるかいなかさえ考え直してみたいような気がしたのであります。（註13）

十、終戦と真柱様

終戦（敗戦）の時の二代真柱様の偉大なご言動について、自分の体験と合わせて述べてみたい。

昭和十八年、開戦から二年目ぐらいから戦局は悪くなっていった。十九年になると、空襲がはじまり、敗戦の色がますます濃くなっていく。政府の上層部で平和工作が行われていたが、ラジオや新聞は相変わらず偽りの戦果を発表し、戦意向上のプロパガンダを流していた。二十年に入ると、空襲はいっそう激しくなった。しかし、それでもなお、〝本土決戦〟とか〝一億玉砕〟が叫ばれ、その覚悟をせねばならなかった。まさか八月十五日に天皇が降伏（終戦）を詔勅し、終戦の日を迎えるとは誰も夢にも思わなかった。

私も、いつも自分の墓標を頭に描いていた。「飯田照明の墓　享年十七歳」という。もっとも一億玉砕になれば誰の墓も建たないことはわかっていたが……。

昭和十九年末になると新しい危機が迫ってきた。Ｂ29戦略爆撃機が日本全国に無差別爆撃をはじめた。東京大空襲では一晩に約十万人が死んだ。大阪や神戸へ爆撃に行くＢ29の編隊がおぢばの上を西の方へ飛ぶようになった。

二代真柱様をはじめ教信徒は、ぢばかんろ台が据えられ、親神様がお鎮まりくださる神殿やご存命の教祖がおいでくださる教祖殿や祖霊殿が空襲されないよう、必死にお願いされたことだろう。

明治神宮の社殿は、空襲によって焼失した。

Ｂ29の他に日本の各地でグラマン戦闘機による無差別の機銃掃射が行われた。逃げ惑う子供らを追いかけ廻し、生き残った人びとの話では操縦するパイロットの顔がよく見えたという。

戦争末期、海軍はおぢば近くの柳本に飛行場を作った。そして天理にある信徒の宿舎所である詰所を兵舎として利用したので、空襲を受ける危険性はさらに増した。そして八月十五日、ついに終戦を迎える。

先にも述べたが、中山慶一先生が八月十五日の終戦の日にご挨拶に行かれた時、二代真柱様は「おい、慶一。復元や」とおっしゃった。二代真柱様は、この日この時を待ちに待ち、待ち焦がれておられたのである。

終戦の詔勅を聞き、日本の前途を悲観して自死した人は八月十五日だけで千名を超える。国外や戦後しばらくしてから自決した人は、二千人を超えるであろう。多くの人が日本の将来を悲観して生命を絶った。しかし、二代真柱様はずっとその日の来るのを待ちわびられ、復元、すなわち教祖の御教え通りの信仰が出来る日がついに来たと喜ばれ、復元の大号令をかけられたのである。

恥ずかしながら、終戦の詔勅を聞いた時、私は、戦争が終わるともう一トン爆弾や焼夷弾の空襲から逃げ廻らなくてよいことがうれしかった。

親からある時、「お前は寝てる時も笑っている」と言われたことがある。しかし毎日が虚脱状態で、茫然自失の毎日であった。ぼんやりとして、毎日過ごしていた。十一月になり秋風が吹きはじめた時、母親は私に向かって、「これから、どうするのや」と聞く。それを聞いてはっとした。そうだ、これからも生きていかねばならないのだと。そしてはじめて我に返り、これからの生きる道を考え出した。まる三カ月間はふぬけのような日を送っていたのである。それは本土決戦、一億玉砕というプロパガンダにマインド・コントロールされた、死ぬことばかり考えていた。いな死ぬことしか考えていなかった。まさか戦争が終わり、生きていけるということなど夢にも思わなかったからである。大部分の日本人は放心状態であった。

八月十五日のその日に、「復元をやろう」とおっしゃった二代真柱様の偉大さが改めて実感されるのである。二代真柱様が、どれほどこの日を待ちに待たれていたかということを証明してあまりあると言えよう。

二代真柱様のお陰で、本教史上空前絶後の危機を乗りこえ、御教えが守られ教祖の御教えの火が消えずにすんだと言えよう。いくら有難く感謝してもしきれないというのが、戦前、戦中の空気というか動向を多少とも皮膚感覚で体験した小生の率直な感想である。

二代真柱様の戦前のお写真を見ると、頭髪が黒々としている。戦後の写真を拝見すると、頭の毛が薄くなっている。側近の人たちが次々と召集されて戦場へ行く。教団への統制がだんだんきびしくなっていく。戦局は悪化し、将来の見通しは暗い。ご心痛は想像を絶するものがあったのであろう。

二代真柱様の大阪高等学校（旧制）の学友、佐々木三九一氏は次のように述べている。

それから終戦後間もなく、何かの会合でお目にかかった時、あの黒々していた頭の毛はどこへいったのやら、あの大きかった身体はスンナリと細くなられたのを見て戦争の期間、種々様々と苦労されたのかと拝察されました。（註14）

十一、占領下のご苦労

生命を削り、縮めるような苦しい日々は敗戦後にもあった。連合軍による占領である。日本は無条件に近い状態で降伏した。全てが占領軍の意のままになった。何をされても、何も言えなかった。どうされてもそれに従うしか他なかった。占領軍は、これまでの歴史にないような、国際法上問題ある程度まで徹底的に力ずくで日本を変革しようとした。

二度とアメリカに戦争をしかけないよう全ての面で骨抜き政策を行った。本教も最小限のぎりぎりのところまで抵抗した。だが、戦争協力したことは確かである。政府からさせられたのだ。仏教各宗派やキリスト教やイスラーム（回教）も、もっと積極的に協力していた。

それを口実として、戦後は占領軍がどういう弾圧や統制、命令をしてくるかわからない状況だった。

巨大な占領軍の威圧と圧力にどう対応してよいか、さぞかし、二代真柱様は眠れぬ夜を幾度と過ごされたことであろう。

二代真柱様は英語の講読力は十分お持ちであった。しかし、会話となると、日本の講読中心の英語教育のせいで流暢だと言えなかったのではないか。占領軍とコミュニケーションをするため、自ら一生懸命英会話を学ばれたとか。

私が外国からの来客の通訳としてお手伝いさせていただいた時は、来客と流暢な英語でお話された。マールブルク大学で、英語でなさった研究発表は大好評であった。

終戦によって膨大な人の生命が失われ、日本は廃虚と化した。しかし本教にとっては幸いであった。思想信条の自由、信教の自由な国となり、〝復元〟が出来たからである。教祖の御教え通りに信仰活動が出来るようになったからである。犠牲になった方々には改めて「安らかにお眠りください」と祈りたい。

『大和わがふるさとの…』（中外書房、昭和三十五年）の中で、二代真柱様は、父初代真柱様は「求道者としての父の血の滲むような生涯の歴史」と書いておられる。二代真柱様も同じく耐えに耐えられた血の滲むようなご生涯を送られたが、それについて一言も話されることもなく、また筆にされてない。

それどころか、終戦後、真柱様は、

「本教が革新後、七年間にわたっておつとめが教え通り勤められなかったことは、私の不徳の致すところである」

とおっしゃっている。

まことに、もったいないお言葉である。

十二、戦争協力の歴史と向き合う態度

1　戦争加担について

現代でもなお、「天理教は戦争に協力した」と言う人がいる。しかし、当時は日本のすべての宗教団体は強制的に協力させられたのである。ご迷惑をかけた近隣の国々の方には心からお詫びしなければならない。

しかし本教の場合、他教団と段違いの、特別にきびしい政府の「制圧」「撲滅」という脅迫の下でのぎりぎりの選択であった。加担したというより、背中から短刀を突き付けられたように無理やり加担させられたのである。積極的な加担でなく、当時の宗教団体としての最小限の義務を果たしただけであり、とりわけて問題にされるような突出的なものではない。

それは、異常で危険な状況の下で、生き残りのための止むをえない便宜的な対応であった。

今日の時点から当時を見れば、確かに遺憾という見方もある。しかし、それは過去のどんなことについても同じである。当時としては、止むをえなかったのである。今日の誰も、当時の人を批判したり中傷できないし、その資格もないはずである。

戦争に加担したというより、させられた先人の非をとがめるというより、戦争加担を強制され、止むをえず、泣く泣く強制させられた先人達の苦労、そのくやしさや悲しさ、つらさを思う時、犒《ねぎら》いと同情の念を禁じえない。二度とそういう思いをせずにすむ信教の自由を守りぬかねばならない。

戦前に、国の要請に対して協力や加担せずにすんだ宗教団体が果たしてあるのだろうか。国家が総力をあげて戦争していた当時、協力しないですませた教団があるのか？

先述したように、「教育勅語」を教典にしてまで協力したひとのみち教団でさえ解散させられた。

惟神の道を説いて協力した皇道大本も破壊された。

〝学会の精神たる天皇中心主義の原理を会得し、誤りなき指導をなすこと〟という通諜を出した創価学会の戸田城外（聖）会長も投獄された。

仏教教団は従軍僧の派遣を、キリスト教団は従軍牧師の要請を受けた。しかし、本教には要請はなかった。それは、政府や軍はなお本教を危険な教団と見ていたからである。

本教もいつ潰されるかわからない危機の下で、協力の強要にじりじり押されて、耐えに耐えて敗戦を迎えた。決して好んで、協力したり加担したのではない。

本教は立教以来、敗戦の日まで、政府官憲から迫害や弾圧を受けつづけてきた。

既成宗教団体や一般市民から散々、罵詈雑言をあびせかけられた。罵詈讒謗の限りをつくされた。本教の子弟は、学校で先生にいじめられ、同級生からいじめられ、笑われそしられてきた。それでも、本教の信仰者は教祖へのゆるぎない信仰を守りつづけた。ハイハイと這い上ってきた。

そんな天理教人がどうして好んで戦争協力をするだろうか。もしするなら、きっと、本教の信仰を止め、嘲笑されないようにしてから協力しただろう。

敗戦を最もよろこんだのは本教であった。もし、太平洋戦争で敗けなかったら、そしてまだ帝国陸海軍が健在であり、特高警察がいたら、今なお信教の自由はなく、「復元」もできなかっただろう。復元できたのは――戦争――敗戦のお陰であり、敗戦を一番歓迎し、待望したのは他にもまして本教であった。

客観的、公平に見て、本教の政府への協力は、最小限のぎりぎりの程度である。仏教各派と較べてみても。

2　過去を見る目

戦前のことは、その当時の常識と歴史感覚で共感し、評価すべきである。

今の歴史感覚や価値基準や常識で批判するのは、酷であり不当ですらある。なぜなら、それぞれの時代の制約から超然として生きられないのが普通の人間である。それは時代を超えよというのに等しいからである。

もしそれでも、過去を現代の目で批判する人がいたら、こう問いかけられたら果たしてどう答えるだろうか。「貴方がもしその時代に生きていたらどうしたか？」と。

戦前の日本の歴史全てが、一〇〇％悪だと言い切れるのだろうか。批判すべき点と共に、評価してよいものは全くないのだろうか。してはならなかった過ちもあり、その点、悪だと言われても仕方のないものもある。しかし、過去の歩みの中には、全体としてみれば、よい面もあったのではないか。

そのよい面は一切無視し、悪い点だけを取り出し、それだけを批判攻撃するのは、客観的でもなく公平なやり方でもない。きわめて自虐的であり、悪意に満ちた見方である。決して悪い面を弁護するのではないが……。

戦後も七十年が過ぎ、ヴェノナ文書やヴァシリエフ文書をはじめとする機密文書が次々と公開され、日米開戦はコミンテルンによって三方から仕掛けられた、まさに「仕組まれた戦争」だったと中西輝政・京都大学名誉教授も言っている。

戦後生まれで、戦争を体験していない人の過去糾弾の中には、不公平で偏った一方的なものや、偏見に満ちたものが多い。それは過去の歴史をよく知らないから、事実をゆがめているからである。体験がないためよくわからず、想像ででっち上げるしかなかった戦前についてのそれらの解釈には、ピントはずれなところが多く、間違いも多い。時には歴史の歪曲と改ざんが行われる。

その上、当時の人びとの名誉を傷つけ冒瀆する。今日から見れば過ちや欠陥があるとしても、当時としては最善をつくしたのである。

戦前のことを持ち出して批判することは、誰にでもできることである。子供にもできることである。

しかし当時の人びとの苦しみ、悲しみ、つらさを知ることは難しい。それが分かる人は、批判する前に、自分ならどうしたかを反省するであろう。自分なら過ちを犯さなかったかどうかを真剣に反省する人こそ、本当の歴史感覚をもつ、良識のある人である。

過去のことを持ち出し、過去の古傷をあばくのは不公平なやり方である。なぜならそれは、死者にムチ打つことである。死人に口なしである。弁護する人がいない弁護はできない。弁護しようとしても、現在の常識と違うから全く通じない。当時の価値観が分からないから、弁明できないからである。

いずれにせよ、先人達は、政府官憲の迫害弾圧、統制干渉の下で、世間からも笑われそしられて、ハイハイと這い上がるようにして、耐えがたきを耐えて、教祖のひながたの道を敗戦の日まで通りぬかれたのである。

3　歴史を見る姿勢と態度

過去の歴史の事実を正しく理解したり解釈するために必要なことは、一切の偏見を取り除き心を空にすること、自分を無にして当時の人びとの心と一つになること、当時の人びとの心と共感と感情移入できること、過去の歴史にたいして愛情をもつことである。

逆に偏見や一つの主義主張から歴史を見たり、自己の主張や意見に都合のいいものだけをつまみ食いし、他を無視したり、過去を憎しみの心で見ると、ゆがんだ誤解や解釈が生まれる。

歴史的事実の曲解と歪曲、主観的な偏見と誤解、予断と強弁、牽強付会《けんきょうふかい》、異論などは、こうした先入観や偏見やイデオロギー眼鏡、憎しみと自己主張の心から生まれる。

小林秀雄氏は、歴史を見る心は次のようなものであるべきとする。

「……歴史はわれわれの先祖が築きあげた足跡。それをジロジロと自虐的検察官の眼をもってあばき立てるような見方でなく、母親が愛児を追慕するような慈愛の心で、その当時の環境や状況、立場、心情を理解すべきである」（註15）

現在から、過去に先人が言ったことや行ったことを批判することは簡単である。誰にもできる。

しかし、その過去に自分がいたと仮定して、果たして先人が行ったより優れた選択をなしえたかと自省する時、果たしてどれだけの人が自信をもって自分は決して誤りなく現在と同じ道を選んだと言えるであろうか。すなわち、その時代の状況を超越して、現在の思想信条を先取りし、時代の流れに逆らって、永遠不変の生き方を貫けると、果たして何人の人が自信をもって断言することができるだろうか。

もし、どの時代に生きようと、時代の支配的な物の見方、考え方や精神状況に断じて染まらず、流されず、永遠の相の下に生き、過ちは犯さず、時代の風潮に影響されないという人がいたら、それはよほどの天才か、または自信過剰の人か、あるいは超人間と言えるであろう。人ができる予見、予知や先見や先取りには限界がある。全き超越はできない。人間は有限な存在である。

先人、先輩の言動を批判することは簡単である。しかし、大きな過ちを犯すことになる。

我々は何にもましてその時の先人たちの苦悩、苦心に同情し、その労をねぎらうことが大切である。現在の自分の考えが絶対と思ってはならない。自分も知らぬ間に現在の限界性を担っているのであり、いずれはまた後世の人によって批判されるかもしれない。戦後にも思想的な過ちを犯している人がたくさんいる。

渡部昇一・上智大学名誉教授は、歴史の見方を二つに分ける。

自分の国の歴史を語ることは、結局、自分の先祖を語ることである。それは自分の近親者、あるいは親について語ることとみたいなものである。どうしても現在の自分のエモーションがからまってくるであろう。その場合は二つの態度の取り方があると思う。

一つは親を憎み、それを告発する態度と同じ態度を取ることである。暗黒面をあばき、厳しい批判をあびせ、それが激しければ激しいほど真実に近く、正義であるとする立場である。

もう一つの立場は、まず親に対する愛情から出発する立場である。親の弱点や悪いところは百も承知でありながら、それを許容し、人に語るときは、むしろ親の長所やユニークな点にウェイトを置いて語る立場である。（註16）

本教の先人、先輩の歴史をたどる時、渡部氏の言う親を愛する立場から見る方が、より信仰的な態度であると思う。先人、先輩先生方は今日の日本では考えることも、想像することもできない、きびしい状況の中で信仰の歩みを続けられたのであり、そのことだけでも、その苦労を讃え、感謝したいと思う。

最後に、大戦中の英国ウィンストン・チャーチル首相の言葉を挙げておきたい。

「いたずらに現在から過去を裁くという歴史研究の態度は結局のところ、後世の史家によって報復されるだろう」

文芸評論家の村松剛氏も言う。「人間は歴史は学ぶことはできても、裁くことはできない」と。

（註1）『天理教教学史』一九七〇年頃（前篇）草稿、423頁

（註2）「天理教の思い出」（『天理―心のまほろば―心の本』天理教道友社、一九七七年五月、31頁）

（註3）「〈啓示宗教であること〉について（二）」（『あらきとうりよう』172号参照）

（註4）『天理教綱要』昭和五年版、天理教道友社、昭和五年一月、7頁

（註5）飯田照明『お道の弁証―護教論への試み―』239―308頁参照
（註6）『時代思想の顕現せる天理教と大本教』黒龍會、昭和十一年一月二日執筆、同二十四日脱稿25頁
（註7）保坂幸博『日本の自然崇拝、西洋のアニミズム』新評論、二〇〇三年六月、58頁
（註8）『みちのだい』182号、天理教婦人会、立教百七十八年十月二十六日、13頁
（註9）『みちのとも』天理教道友社、昭和十九年一月号、6頁
（註10）上村福太郎『潮の如く―天理教教會略史―』下、天理教道友社、昭和五十一年一月、243頁
（註11）『百萬人ひのきしん』天理時報社、昭和十九年五月、13―14頁
（註12）弘報資料第一〇二号、昭和十五年八月
（註13）『よふきぐらし』ダヴィッド社、昭和三十三年一月、96―97頁
（註14）『大高ラガー―中山正善君追悼号』大高ラガークラブ、昭和四十二年十一月、81頁
（註15）「歴史と文学」（『小林秀雄全集』第7巻、新潮社、一九七八年十一月）
（註16）渡部昇一『日本史から見た日本人・古代編―「日本らしさ」の源流―』祥伝社、平成元年十月

あとがき

本教は立教以来、昭和二十年八月十五日まであらゆる方面からさまざまな迫害、弾圧を受けてきた。

本教に対し、近代国家としてあるまじき迫害や弾圧を加えたことにも、きびしく批判している論文を紹介する。それは『Liberty』という雑誌に二〇〇〇年十二月号に連載された「検証。近代日本の宗教弾圧」の記事である。同誌は連載の第一回に本教を取り上げ、「天理教の弾圧は正しかったか」という見出しで書かれている。六頁にわたっているが、本文を紹介できないので、文中の大見出しを紹介する。「当局の監視下の信仰」「近代警察の発足と共に始まった弾圧」「刑事に信者を装わせてスパイ行為」「国家神道体制との相克だけでは説明できない迫害」「弾圧は警察組織の維持のため?」「コレラ禍の責任を転嫁」「天理教弾圧は税収維持のため?」「宗教弾圧の危険は過去のものではない」と、本教に対する迫害、弾圧の理由と現実を見事に捉えている。時期は明治期に限定されているが、本教に対して行われた迫害と弾圧は、他にも多くの原因や理由がある。少なくとも、近代国家の宗教弾圧としては不当かつ恥ずべきことであることを明らかにしている。

戦後に生まれた人びとも今日七十歳を越える。日本の人口の大半を戦後生まれが占めるまでになった。その間、日本は完全な思想・信条の自由の中で生きてきた。しかし、初代真柱様と二代真柱様の時代には思想・信条の自由はなく、言葉に言い現わせないご苦労をしてくださった。

初代真柱様のご苦労については、『稿本中山眞之亮伝』や松村吉太郎先生の『道の八十年』、上村福太郎氏の『わが心動かず―初代真柱様、中山眞之亮様の御生涯』などの本でそのご苦労を知ることが出来る。しかし、日本が近隣諸国と戦い、その揚句ドイツ・イタリアと中立国を除く全世界と戦争をするという異常な状況の中で、本教を存亡の危機から救ってくださった二代真柱様のご苦労について書かれた本は、未だ一冊も出ていない。

そうした中、本著では関連がある本のほかに、二代真柱様と共に昭和の動乱期をご苦労くださった東井三代次先生の思い出の記録集、『陽気』誌連載の「あの日あの時・おぢばと私」（平成九年十月に単行本化）を主に引用した。

昭和十三年の、いわゆる革新の時代の、政府当局との息づまるような交渉の経過や、昭和十六年の太平洋戦争の下での、本教の苦難の歴史が語られている部分は貴重な体験談である。当時の状況や空気を知らない人には想像を絶する。

本著の中で、読者は、随所に〝涙〟という文字を見るだろう。まさに、真柱様をはじめ先人、先輩達は、血涙や血尿を出しつつ苦難に満ちた年月を死に物狂いで、必死になってこの教えを守り抜いてくださったのである。その筆舌に尽くしがたいご苦労を心から感謝申し上げたい。いくら感謝してもしきれない。

明治中期と昭和初期における本教の存亡の危機というべき大節に、真柱様が先頭に立たれ、その手足となって生命を削り、血の涙を流して本教を守ってくださった多くの先人、先輩の先生方と信仰者の方々、文字通り全身全霊を捧げられた誠真実にたいして、親神様、教祖の目に見えぬ奇しきご守護があったと悟らしていただく。

決して十分で完全な出来ではないが、少しでも初代真柱様、二代真柱様のご苦労を知っていただければ筆者のよろこびである。

初代真柱様も二代真柱様も、想像を絶する苦難の道を、生命を削り縮めて必死に親神様、教祖の御教えを守り抜くために尽くせぬご苦労をしてくださった。筆者はそのご功績の大恩を片時も忘れず、心からお礼を申し上げたい。

本著は、以前自費出版した『お道の弁証―護教論への試み』の「三章　お道の受難史とその背景について」と、同じく自費出版した『天理教の迫害・受難史』と若干重複する。このたび養徳社社長冨松幹禎先生のご英断と並々ならぬご尽力により出版していただくことになり、感謝の言葉もない。構成や資料の確認、本文に少々手を加えた。

出版に際して、瀬戸嗣治氏、早田一郎氏、養徳社の長谷川薫氏をはじめ編集部の方々には大変なお世話をいただいた。心より厚く御礼申し上げます。

立教一八一年（二〇一八）十一月吉日

著　者

著者略歴

飯田照明（いいだ・てるあき）
昭和４年（１９２９年）　奈良県桜井市生まれ
天理語学専門学校イギリス語部卒業
大阪大学文学部哲学科卒業
シカゴ大学留学　パリ（ソルボンヌ）大学留学
インディアナ大学元交換客員教授
天理大学名誉教授（比較教義学、比較宗教学、宗教哲学）
天理図書館元館長
別席取次人（英・仏）
櫻井大教会・鳥見山分教会所属　教人
近著『だめの教えって素晴らしい！
誰でもわかるキリスト教、仏教、イスラームとの違い』（養徳社刊）

迫害・受難のいばらを越えて
—初代真柱様・二代真柱様ご苦労の道—

著　者	飯田照明
発行者	冨松幹禎
発行日	立教 181 年（平成 30 年）12 月 1 日初版第 1 刷発行
発行所	図書出版　養徳社
	〒 632 − 0016　奈良県天理市川原城町 388
	電話（0743 − 62 − 4503）振替 00990 − 3 − 17694
印刷・製本	（株）天理時報社
	〒 632 − 0083　奈良県天理市稲葉町 80

ISBN978−4−8426−0124−3　定価はカバーに表示してあります。